Entdecke Gottes Plan mit dieser Welt

Mit Niko, Tom, Max und Lisa den „roten Faden" der Bibel verstehen

Ein paar Erklärungen zum Buch:

 Dieses Zeichen sagt dir, wo du das Gesagte in deiner Bibel nachlesen kannst.

 Der durchlaufende Zeitstrahl erklärt dir, in welchem Jahrhundert du dich befindest und was zur gleichen Zeit in der Weltgeschichte passiert ist. Dadurch verstehst du die Zusammenhänge zum Geschichtsunterricht in der Schule!

 Viele geographische und politische Karten machen dir die Situationen klar und helfen dir in Erdkunde.

 Bei diesem Symbol werden dir einzelne Sonderfragen beantwortet.

 Dieser rote Faden zieht sich durch die Bibel. Es ist die durchlaufende Linie des Versprechens von Gott, den Retter zu senden.

 Achte auf meinen Daumen: Er macht dich auf Besonderheiten im Text aufmerksam und zeigt Anwendungen für dein Leben.

Impressum:
Entdecke Gottes Plan mit dieser Welt, 3. Aufl. 2018
ISBN: 978-3-89436-498-4
© 2006 by Eberhard Platte, 71a.de, Wuppertal
und Christliche Verlagsgesellschaft mbH, Dillenburg
Internet: www.cv-dillenburg.de
Idee, Konzept, Text und Gestaltung: Eberhard Platte
Druck: Gutenberg Beuys Feindruckerei GmbH

Hi, dürfen wir uns vorstellen?
Wir sind Niko, Tom, Max und Lisa.
Na ja, wir sind so etwas wie die vier Freunde,
aber wir haben andere Interessen als unsere
bekannten Kollegen: Wir stöbern liebend gern in der
Bibel und entdecken dabei immer wieder neue Dinge,
die wir ungeheuer aufregend finden.

In diesem Buch möchten
wir mit dir durch deine Bibel surfen.
Dabei wirst du jede Menge Interessantes finden,
das für dich das Lesen in Gottes Wort
immer spannender macht.
Jeder von uns Vieren hat dabei sein
Spezialgebiet, das wir dir hier erklären:

Ich bin der **Niko** und werde dir wie bei einem Panorama-Bild den Überblick zu jedem Thema geben und dir erklären, wie alles zusammenhängt.

Hallo, ich bin **Tom.** Ich hinterfrag so ziemlich alles und möchte herausfinden, wie sich alles abgespielt hat, und was Wissenschaftler dazu herausgefunden haben.

Na, und ich bin **Max.** Ich brauch alles ein bisschen praktischer und nicht so kompliziert wie Tom. Ich sorg also dafür, dass wir auf'm Teppich bleiben ...

Hi, ich bin die **Lisa.** Mich interessiert immer, was das Ganze für mein persönliches Glaubensleben bedeutet. Also dann - lass dich auf das Abenteuer mit uns ein!

Inhalt

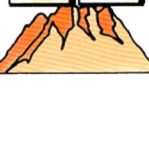

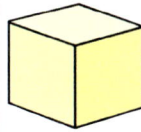

*Ob die Erde zu Beginn
der Schöpfung so aussah?*

Einleitung

Heilsgeschichte -
Gottes Plan mit dieser Welt

Heilsgeschichte - Gottes Plan mit dieser Welt!

In der Bibel findest du zu diesem Thema viele Aussagen, zum Beispiel in folgenden Bibelstellen:
Hebräer 1,1;
2. Petrus 3,7-13;
Römer 16,25;
Kolosser 1,26;
Epheser 1,21; 3,2;
Matthäus 12,32;
Markus 10,30;
Epheser 2,7;
Römer 11; u.a.

Welche Dimensionen (Ebenen) kennt die Bibel?

Gott lebt in der himmlischen Ebene. Sie ist ohne Zeit. Unsere Ebene ist die von Raum und Zeit. Die Ebene des Teufels ist die okkulte (nicht sichtbare) Ebene.

Die himmlische Ebene
(ohne Zeit, Ewigkeit)
die Dimension Gottes

Die irdische Ebene
(Raum und Zeit)

Die nicht sichtbare Ebene

Jeder Architekt macht zuerst eine Zeichnung von dem Haus, das er plant. Dieser Plan hat nur zwei Dimensionen, Länge und Breite, da er auf Papier gezeichnet wird. Außerdem ist der Maßstab verkleinert, damit er auf das Blatt passt. Der spätere Bau dagegen wird in drei Dimensionen ausgeführt: Länge, Breite, Höhe, sowie entsprechend größer, damit Menschen darin wohnen können.

Wenn wir über den Plan Gottes mit uns Menschen nachdenken wollen, müssen wir das ebenfalls berücksichtigen. Im Gegensatz zu Gott, der ewig ist, sind wir Menschen und die Welt in Raum und Zeit gestellt. Gott hat also andere

Warum kann Gott Zukünftiges vorhersagen?

Dimensionen als wir. Die Dimension Gottes ist die Ewigkeit, das heißt: Er ist ohne Zeit. Er steht sozusagen hoch über dem Berg der Zukunft, vor dem wir stehen. Er kann nicht nur die Vergangenheit und Gegenwart von uns Menschen sehen, sondern auch unsere Zukunft. Für ihn ist alles jetzt gegenwärtig.

Lisa: Deshalb kann Gott ja auch ohne weiters Zukünftiges voraussagen, weil er es ja bereits kennt. Jemand hat einmal gesagt: „Biblische Prophetie ist Geschichte, die bereits im Voraus geschrieben ist."

Max: Das ist wahr! Dann ist es auch nicht verwunderlich, dass die Voraussagen Gottes in der Bibel auch immer garantiert eintreffen - ganz im Gegensatz zu allen Horoskopen und Wahrsagereien von Menschen.

Gott sieht über den Berg der Zukunft, vor dem wir Menschen stehen. Da er außerhalb unserer Dimension Zeit ist, kann er uns in der Bibel mitteilen, was für uns in der Zukunft liegt.

Gegenwart

Zukunft

Tom: In der Bibel lässt Gott durch die Propheten Zukünftiges den Menschen mitteilen, damit sie gewarnt sind und sich danach richten können. Aber wenn wir in der Bibel lesen, merken wir, dass die wenigsten Menschen auf das gehört haben, was die Propheten Gottes vorhergesagt haben.

Lisa: Das ist doch heute nicht anders. Es gibt nur sehr wenige, die auf Gottes Wort, die Bibel, hören und sich danach richten.

Niko: Tom hat eben gesagt, dass die Botschaft der Bibel sich an drei Menschengruppen wendet: an Israel, an die Völker (Nationen) und an die Gemeinde Gottes.

Drei Menschengruppen

Genauso müssen wir auch die Voraussagen, die Gott in der Bibel macht, unterscheiden. Wir müssen immer danach fragen: Zu wem und über wen wird in der Bibel etwas gesagt. Das ist ein ganz wesentlicher Grundsatz zum Lesen und Verstehen der Bibel!

Welche Menschen gruppen unterscheidet die Bibel?

Viele machen den Fehler und beziehen alle Aussagen der Bibel nur auf sich. Dadurch haben sie dann manchmal den Eindruck, als würde sich die Bibel in manchen Aussagen widersprechen.

Tom: Noch ein wichtiger Punkt ist zu beachten – mein Vater hat mich darauf hingewiesen: Wenn wir uns die Menschheitsgeschichte ansehen, wie sie in der Bibel

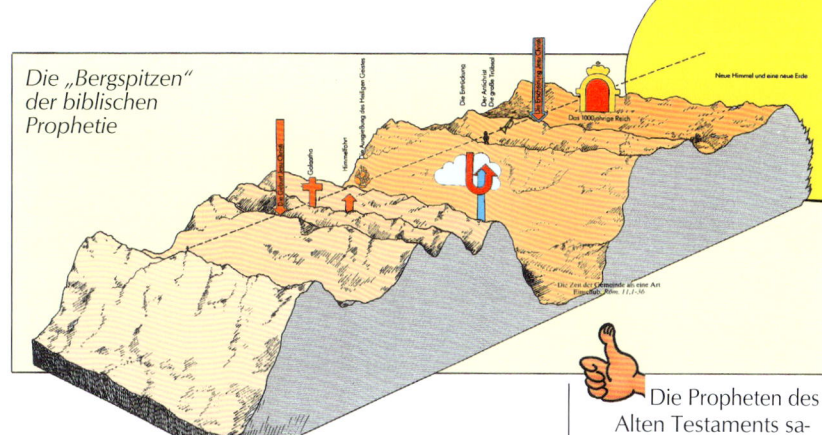

Die „Bergspitzen" der biblischen Prophetie

steht und wie wir sie aus dem Geschichtsunterricht kennen, kann man verschiedene Zeitabschnitte feststellen.

Lisa: Ja, Gott handelt zu unterschiedlichen Zeiten offenbar unterschiedlich mit den Menschen und Menschengruppen. Gott hat dafür stets einen besonderen Plan. Das nennt man „Heilsgeschichte". Im Hebräerbrief wird das so gesagt: *„Nachdem Gott vielfältig und auf vielerlei Weise ehemals zu den Vätern (Israels) geredet hat, hat er am Ende der Tage zu uns geredet im Sohn (dem Herrn Jesus), durch den er auch die Welten (aionen = Zeitabschnitte) gemacht hat"* (Hebräer 1,1). Für „Welten" steht hier – so hab ich mal gelesen – das griechische Wort aionen, das heißt so viel wie „Zeitabschnitte". Gott hat also nicht nur die Welt gemacht, sondern auch die Zeit und verschiedenen Zeitabschnitte in der Weltgeschichte.

Was versteht man unter der Heilsgeschichte?

Die Propheten des Alten Testaments sahen die zukünftigen Geschehnisse wie Bergspitzen einer Gebirgskette: Die herausragenden Ereignisse waren für sie erkennbar, die dazwischenliegenden „Täler", also die Einzelheiten, kannten sie nicht. Je näher ein Prophet zeitlich an dem jeweiligen Ereignis war, desto detaillierter ließ Gott ihn zukünftige Dinge erkennen.

Das erste Ereignis war die Sintflut, als die damalige Welt unterging (2. Petrus 3,5-6). Der Wechsel vom gegenwärtigen zum zukünftigen Zeitalter wird ebenfalls starke klimatische Veränderungen bewirken.

Die Sintflut veränderte Fauna und Flora.

Das Tote Meer wird Leben haben (Hesekiel 47,9-10).

Fossilien bestätigen die katastrophalen Auswirkungen der Sintflut.

| Vor der Zeit | 1. Die damalige Welt | 2. Zeitalter | Das gegenwärtige Zeitalter | 3. Das zukünftige Zeitalter | Ewigkeit |

Die drei Zeitalter der Bibel

Niko: Das ist ein wichtiger Vers. Hier wird also deutlich gesagt, dass es unterschiedliche Zeitperioden gibt, in denen Gott unterschiedlich gehandelt und mit den Menschen geredet hat.

Welche Zeitabschnitte nennt die Bibel?

Max: Welche Zeitepochen gibt es denn?

Niko: Die Bibel spricht von **drei Zeitaltern**. Schlagen wir dazu mal die Bibel auf:

1. **„Die damalige Welt"** (d.h. von der Erschaffung des Menschen bis zur Sintflut). In 2. Petrus 3 ist davon die Rede, dass viele Menschen abstreiten, dass Jesus wiederkommen würde. Dann heißt es in Vers 5-6: *„Denen, die das behaupten, ist verborgen, dass ... die **damalige Welt**, vom Wasser überschwemmt, unterging."*

2. **„Das gegenwärtige Zeitalter"** (Das ist die Zeit, in der wir leben. Also von der Sintflut bis zu dem Augenblick, wenn der Herr Jesus wiederkommen wird). Gleich im nächsten Vers in 2. Petrus 3,7 sagt Petrus: *„Die jetzigen Himmel und die **jetzige Erde** werden durch dasselbe Wort aufbewahrt ... zum Gericht."*

3. **„Das zukünftige Zeitalter"** (d.h. die Zeit des sog. Tausendjährigen Reiches). Das deutet Petrus hier in 2. Petrus 3 auch an. Paulus schreibt davon ebenfalls in Epheser 1,21, wenn er die Kraft Gottes erwähnt,

| 1 | 2 | 3 |
| Vor den Zeitaltern 1Kor 2,7 | Die damalige Welt 2Petr 3; Röm 16,25; Kol 1,26 | Das gegenwärtige Zeitalter Mt 12,32; Eph 1,21; 3,2 | Das zukünftige Zeitalter Mk 10,30; Eph 1,21; 2,7 | In die Zeitalter der Zeitalter |

Die drei Zeitalter der Bibel

die „in dem Christus wirksam wurde, indem er ihn aus den Toten auferweckt hat ... und ihm Gewalt und Macht und Kraft und Herrschaft gegeben hat ... nicht nur in diesem Zeitalter, sondern auch in dem **zukünftigen**."

Tom: Ist euch schon mal aufgefallen, dass der Wechsel der Zeitalter jeweils durch gravierende klimatische Veränderungen gekennzeichnet ist? Nach der Sintflut - also beim Wechsel zwischen dem ersten und zweiten Zeitalter - haben sich das Klima, die Vegetation und das Alter der Menschen drastisch verändert. Ebenso wird es beim Wechsel vom gegenwärtigen zum zukünftigen Zeitalter starke Veränderungen geben,

Welche Veränderungen gab es beim Wechsel der Zeitalter?

wie wir in der Offenbarung und im Propheten Hesekiel 47,9-10 lesen können. Zum Beispiel wird dort gesagt, dass es im Toten Meer wieder Fische geben wird, weil es von einem Zufluss gespeist werden wird, der dann direkt aus Jerusalem durchs Kidrontal dorthin fließt.

Lisa: Das ist total interessant. Also ist es - nebenbei bemerkt - durchaus verständlich, dass es vor der Flut andere Pflanzen und teilweise andere Tiere gegeben haben muss, wie wir auch in Bio gelernt haben und wie es die entdeckten Fossilien zeigen.

Max: Also kann es durchaus die Dinos gegeben haben. Logisch.

Plateosaurus, Urweltmuseum, Bayreuth
unten: Psittacosaurus, Senkenberg-Museum, Frankfurt

Niko: Innerhalb dieser drei erwähnten Zeitalter gibt es noch weitere Zeitabschnitte, die wir in der Bibel erkennen können. Es sind insgesamt sieben, in denen Gott unterschiedlich mit den Menschen gehandelt hat. Ich lese

Welche weiteren Zeitepochen unterscheidet die Bibel?

noch mal den Vers aus Hebräer 1,1: „Nachdem Gott **vielfältig und auf vielerlei Weise** ehemals zu den Vätern (Israels) geredet hat, hat er am Ende der Tage zu uns geredet im Sohn (dem Herrn Jesus), durch den er auch die Welten (aionen = Zeitabschnitte) gemacht hat." Gott hat also in den sieben Zeitepochen die Botschaft der Rettung (das Heil) den Menschen auf unterschiedliche Weise durch die Propheten klar gemacht. Darum nennt man diese Zeitepochen auch „Heilszeiten". Das Schaubild auf der nächsten Seite macht das deutlich.

Schlag zu diesem Thema deine Bibel auf:
Hebräer 1,1;
2. Petrus 3,7-13;
Epheser 1,21;
Apostelgeschichte 3,21

Kirchenvater Augustinus (354-430 n.Chr.) sagte: **„Unterscheide die Zeitalter Gottes und die Bücher der Bibel sind in Harmonie!"**

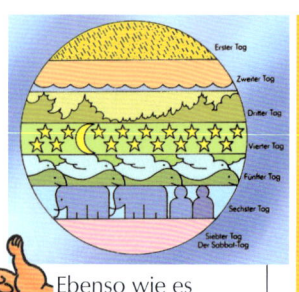

Ebenso wie es 7 Zeitepochen gibt, gibt es auch 7 Schöpfungstage. Man kann sie miteinander vergleichen. Wenn man von der Aussage der Bibel ausgeht, dass *„1 Tag wie 1000 Jahre ist, und 1000 Jahre wie ein Tag"* (2. Petrus 3,8; Psalm 90,4), so liegt der Gedanke nahe, dass es insgesamt etwa 7000 Jahre Menschheitsgeschichte geben kann ...

Im ersten Zeitalter finden wir folgende zwei Zeitepochen (Heilszeiten):
1. **Die Zeit in Eden**, von der Erschaffung bis zum Sündenfall.
2. **Die Zeit vor der Flut**

Das „gegenwärtige Zeitalter" kann man in folgende Epochen einteilen:
3. **Die Zeit bis zum Turm von Babel**
4. **Die Zeit der Patriarchen**, das sind die Männer, von denen das Volk Israel stammt.

5. **Die Zeit unter dem Gesetz**, das Mose dem Volk am Sinai gab.
6. **Die Zeit der Gemeinde** von Pfingsten bis zu dem Zeitpunkt, wenn Jesus wiederkommt, um die, die an ihn glauben, zu sich in die Herrlichkeit zu holen. Es ist also die Zeit, in der wir heute leben.

Das „zukünftige Zeitalter" ist dann:
7. **Die Zeit des Tausendjährigen Reiches**.

Dieses Schaubild zeigt oben die drei in der Bibel genannten Zeitalter, darunter die sieben Zeitepochen, in denen Gott unterschiedlich mit den Menschen gehandelt hat. Die Symbole zeigen das jeweils Wesentliche der Zeitepoche.

Warum nennt man diese Zeitepochen Heilszeiten?

Weil Gott in den sieben Zeitepochen die Rettung (das Heil) den Menschen auf unterschiedliche Weise klar gemacht hat, nennt man diese Zeitepochen auch „Heilszeiten" und den ganzen Plan Gottes mit dem Menschen „Heilsgeschichte".

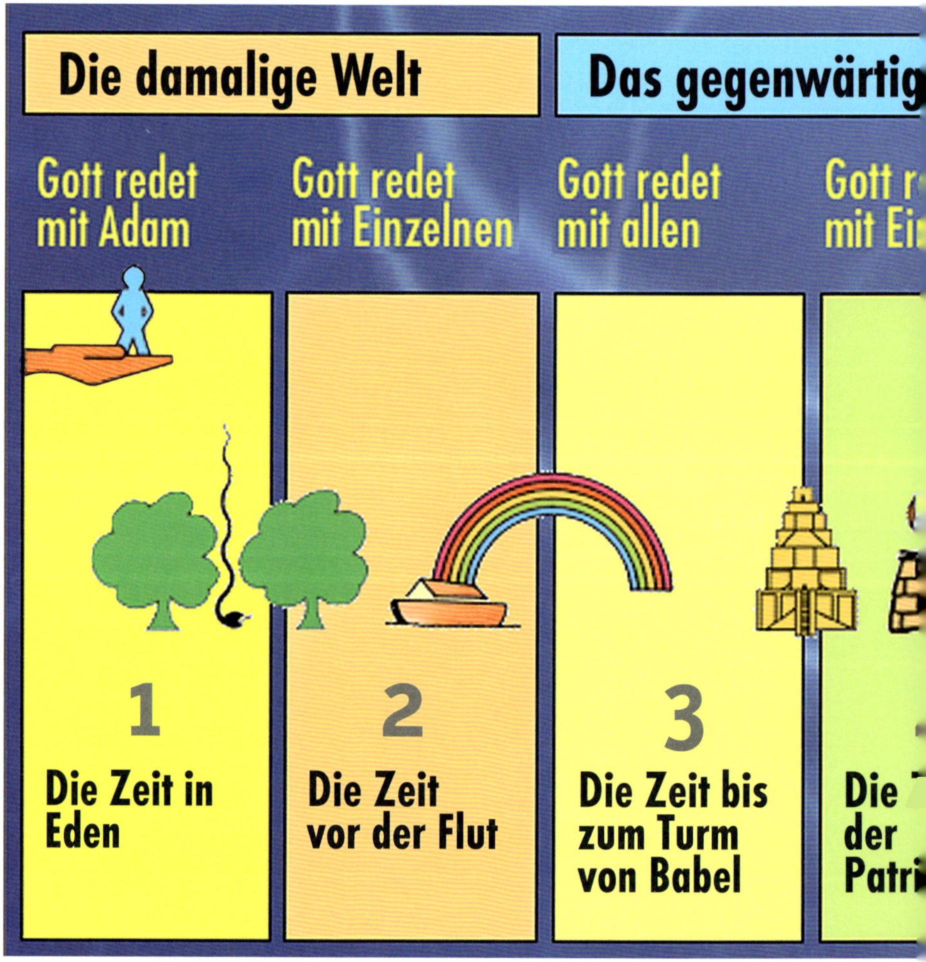

Die damalige Welt

Das gegenwärtig

Gott redet mit Adam

Gott redet mit Einzelnen

Gott redet mit allen

Gott r mit Ei

1
Die Zeit in Eden

2
Die Zeit vor der Flut

3
Die Zeit bis zum Turm von Babel

Die der Patri

Tom: Übrigens ist jede dieser sieben Zeitepochen durch eine Katastrophe beendet worden! Erstaunlich, nicht wahr?

1. **Die Zeit in Eden** endete mit der Vertreibung aus dem Paradies.
2. **Die Zeit vor der Flut** endete mit der Sintflut.
3. **Die Zeit bis zum Turm von Babel** ging zu Ende mit der Sprachenverwirrung.
4. **Die Zeit der Patriarchen** endete mit der Sklaverei in Ägypten.
5. **Die Zeit unter dem Gesetz** hörte mit der Zerstörung Jerusalems und der Zerstreuung des Volkes Israel unter alle Völker endgültig auf.
6. **Die Zeit der Gemeinde** endet mit einer notvollen Zeit großer Katastrophen.
7. **Und die Zeit des Tausendjährigen Reiches** wird beschlossen werden durch das große Endgericht Gottes vor dem großen weißen Thron.

...eitalter

Das zukünftige Zeitalter

Gott redet mit Israel

Gott redet mit Glaubenden

Gott redet mit Völkern

5 Die Zeit unter dem Gesetz

6 Die Zeit der Gemeinde

7 Die Zeit des Tausendjährigen Reiches

Mit all diesen Fragen werden sich die vier Freunde in den folgenden Kapiteln im Einzelnen beschäftigen. Dabei wird uns ein besonderer Gedanke wie ein roter Faden durch die ganze Bibel begleiten:

das Versprechen Gottes auf den Retter!

Welches Ziel hat die Heilsgeschichte Gottes?

Die durch die Sünde von Gott abgefallenen Menschen sollen zu ihm zurück gebracht werden. Dazu hat Gott den Retter angekündigt: den Herrn Jesus, den Sohn Gottes.
Diese Verheißung zieht sich wie ein **roter Faden** durch die ganze Geschichte der Menschen. Folge dem roten Faden in diesem Buch.

Die Erde (Europa und Afrika).
Aufnahme aus dem Weltraum.

I. Zeitalter: Die damalige Welt

1
2

Im Anfang -
Gott offenbart sich

In der Bibel findest du zu diesem Thema viele Aussagen, zum Beispiel in folgenden Bibelstellen:
Hebräer 11,1;
Kolosser 1,18;
1. Mose 1-2;
2. Mose 20,11;
Psalm 8,4; 33,6-9;
136,3-9

Wir haben neulich in der Schule über die Entstehung der Erde und die Entwicklung der Tierarten gehört. Da haben wir aber etwas völlig anderes gelernt, als was wir hier in der Bibel lesen. Was stimmt denn jetzt? Unser Lehrer hat behauptet, dass die Bibel kein wissenschaftliches Buch sei, sondern nur historische Erzählungen enthalte. Die seien überliefert worden, weil die Menschen sich das nicht anders hätten vorstellen können. Dank der wissenschaftlichen

Schöpfung oder Evolution - was sagt die Bibel?

Forschung aber müsse man heute die Evolutionslehre vertreten. Unsere Erde sei Millionen von Jahren alt, und die Entwicklung der Tierarten und der menschlichen Rasse sei durch Auslese und über lange Zeiträume entstanden.

Tom: Ja, das haben wir auch gelernt. Aber glauben kann ich das nicht. Haben denn die fossilen Tiere Jahrtausende stillgehalten, bis sie durch Sedimentgesteine eingeschlossen und versteinert wurden? Da wären sie doch vorher längst verwest! Das muss sehr schnell gegangen sein!

Lisa: Wisst ihr! Ich glaub einfach, was in der Bibel steht. Wenn der Herr Jesus das geglaubt hat - der muss es ja schließlich wissen. Er hat ja alles geschaffen (Kolosser 1,18). Ich muss zwar dem Lehrer erzählen, was er wissen will, aber ich bin ja nicht gezwungen, das zu glauben!

Die Menge der Fossilien lassen eine weltweite Naturkatastrophe wie die Sintflut durchaus denkbar erscheinen.

Vor Grundlegung der Welt

Ob du im Großen (Makrokosmos) oder im Kleinen (Mikrokosmos) die Welt besiehst, du wirst aus dem Staunen nicht herauskommen! Psalm 136,3-9

um 4000 v.Chr.
Erschaffung der Welt (des Makrokosmos und des Mikrokosmo

Unser Sonnensystem ist im Umfeld der Milchstraßengalaxie nur wie einige kleine Staubkörner. Wie groß muss Gott sein, der das alles geschaffen hat!

Foto: © NASA

Unser Sonnensystem

Niko: Mir hilft immer der Vers in Hebräer 11,1: *„Durch Glauben verstehen wir, dass die Welten durch Gottes Wort bereitet worden sind, so dass das, was man sieht, nicht aus Erscheinendem geworden ist!"* Geologen mögen Erdschichten durchforschen und über Versteinerungen Theorien aufstellen, aber *„das Geheimnis des Herrn ist für die, die Ihn fürchten"* (Psalm 25,14).

Lisa: Die Bibel sagt das so einfach: *„Im Anfang schuf Gott die Himmel und die Erde"* (1. Mose 1,1). Da bleibt nichts mehr zu vermuten. Entweder man glaubt das oder man lässt es. Wenn man nicht glaubt, braucht man natürlich Millionen Jahre, um sich

überhaupt so eine unglaubliche Evolution vorstellen zu können.

Max: Eine Frage zwischendurch: Wie alt war eigentlich Adam, als Gott ihn geschaffen hatte? Wie alt waren die Bäume, die Gott geschaffen hatte? Wie viel Jahresringe hatten sie?

Wie alt war Adam, als er geschaffen wurde?

Jahresringe eines Baumes geben das Alter des Baumes an.

Lisa: Worauf willst du hinaus, Max? Natürlich null Jahre, aber Adam sah vielleicht aus, als sei er 25 Jahre alt. Und vielleicht sahen die Bäume

Hast du schon einmal eine Schneeflocke unter dem Mikroskop angeschaut? Unzählige Zaubersternchen sind das. Keines ist dem anderen gleich. Und Millionen Eiskristalle bilden eine Schneeflocke.

Schneekristalle sind „nur" gefrorener Wasserdampf.

1. Mose 1

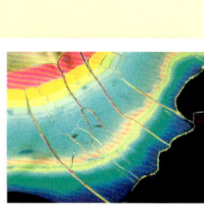
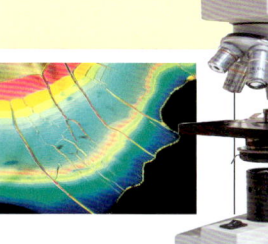

| Merkur | Venus | Erde | Mars | Jupiter | Saturn | Uranus | Neptun | Pluto |

Die neun Planeten in ihren Größenverhältnissen

© Copyright 1999 by Calvin J. Hamilton

Grafik: © NASA

Faszinierende Sonnenfinsternis

aus, als wären sie schon 100 Jahre alt.

Max: Klar, nicht wahr?! Für Gott ist das kein Problem, etwas zu schaffen, das aussieht, als wenn es schon ein bestimmtes Alter hätte.

Niko: Das heißt auch, dass er die Erdschichten so machen kann, dass die Wissenschaftler, die an Evolution glauben, annehmen, sie seien schon sehr, sehr alt!

Max: Da sehen sie aber alt aus!

Lisa: Wer, die Bäume, die Erdschichten oder die Wissenschaftler?

Max: Neulich hab ich gehört, es gebe zwei Schöpfungsberichte in der Bibel, die sich widersprechen würden. Die wären sehr spät von verschiedenen Priestern geschrieben worden.

Gibt es einen 1. und einen 2. Schöpfungsbericht?

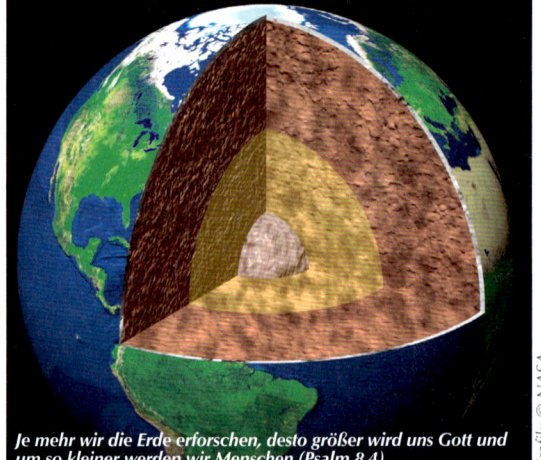

Je mehr wir die Erde erforschen, desto größer wird uns Gott und um so kleiner werden wir Menschen (Psalm 8,4).

Grafik: © NASA

Tom: Der irrtümlich angenommene Unterschied der Berichte in Genesis 1 und 2 (1. Mose) beruht einfach darauf, dass im 1. Kapitel die Schöpfung beschrieben wird, als betrachte sie einer von außen; deshalb wird hier der allgemeine Name „El" für Gott gebraucht. Im 2. Kapitel dagegen wird die Schöpfung beschrieben, wie sie den Menschen betrifft, und hier stellt sich Gott mit seinem Namen „Jahwe" (der Ewige) vor.

| Im Anfang | 1. Tag | 2. Tag | 3. Tag | 4. Tag | 5. Tag | 6. Tag | 7. Tag |

Der Mensch - Wunder der Schöpfung

Erschaffung Adams
Freskengemälde von
Michelangelo

In der Bibel findest du zu diesem Thema viele Aussagen, zum Beispiel in folgenden Bibelstellen: Psalm 139,13-16; 1. Mose 1-2

Ich bin gespannt, ob wir im Himmel Adam und Eva begegnen werden. Auf jeden Fall würde ich Eva mal gerne fragen, wie sie damals im Garten Eden gelebt haben. Wenn ich mir vorstelle, ohne Nachbarn, ohne Haus, ohne Kühlschrank, ohne Waschmaschine, ohne Bad und Dusche ...

Wie war das damals eigentlich im Garten Eden?

Tom: ... ohne Garage, ohne Auto, ohne Computer und ohne Smartphone ...

Max: ... ohne Cola und MacDonalds, ohne Fritten mit Majo, und ohne Nutella! Die hatten nur sich selbst, niemanden zum Ärgern oder Quatschen, kein Schwimmbad und

Niko: Glaub ich nicht. Immerhin hatten die beiden direkten Draht zu Gott. Den konnten sie immer fragen. Das muss total super gewesen sein! Außerdem mussten sie alles zum ersten Mal selbst ausprobieren: Wie macht man Feuer, wie macht man sich Werkzeuge, wie pflanzt man etwas an und erntet, was kann man essen und was eignet sich als Baumaterial. Ich find das genial und absolut spannend! Ich glaub, sie waren die größten Erfinder und Entdecker aller Zeiten! Sie waren auf jeden Fall nicht so dumm, wie die Neandertaler immer dargestellt werden ...

Was mussten sie alles neu entdecken?

Ist es nicht egal, ob ich an die Evolution oder die Bibel glaube?

Es muss klar gesagt werden, dass die Evolution eine Theorie ist, die nicht bewiesen werden kann, sondern an die man glauben muss. Keiner hat eine Antwort auf den Anfang der Evolution, es fehlen die für eine logische Argumentation wichtigen Verbindungsglieder (missing-links). Gottes Schöpfungsbericht muss auch geglaubt werden,

**um 4000 v.Chr.
Erschaffung der Welt und des Menschen 1. Mose 1**

keine Halfpipe - nur den Garten, und den ohne Rasenmäher. Ob die sich gelangweilt haben?

Max: Die stammten ja auch nicht vom Affen ab, sondern waren direkt von Gott geschaffen; sie waren sozusagen die Prototypen der Menschen

aber ihm können wir vertrauen.

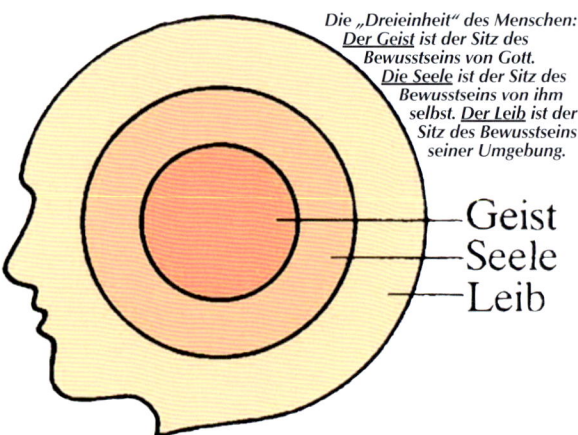

Die „Dreieinheit" des Menschen: Der Geist ist der Sitz des Bewusstseins von Gott. Die Seele ist der Sitz des Bewusstseins von ihm selbst. Der Leib ist der Sitz des Bewusstseins seiner Umgebung.

Geist
Seele
Leib

1

Was versteht man unter einer Mikro-Evolution?

Gott hat alle Pflanzen und Tiere und den Menschen geschaffen. Das lehrt uns die Bibel. Sie leugnet, dass sich alles von alleine (ohne einen Schöpfer) entwickelt haben soll, wie es Charles Darwin in seinem Buch „Die Entwicklung der Arten" lehrt (Evolution)

Schema einer Evolution

Gottes Wort zeigt aber durchaus, dass es innerhalb der Arten eine Veränderung oder Anpassung an Lebensumstände gibt (Mikro-Evolution).

Mikro-Evolution

Buchtipp: R.Junker, S.Scherer Evolution - Ein kritisches Lehrbuch, Weyel-Verlag, Gießen

überhaupt! Ich versteh das nicht: Warum wird uns immer noch beigebracht, der Mensch und auch die Tiere hätten sich langsam entwickelt?

Wer war der Mensch mit dem höchsten IQ?

Tom: Immerhin muss Adam den größten IQ (Intelligenz-Quotienten) gehabt haben. Gott hatte ihm ja die Aufgabe gegeben, allen Tieren Namen zu geben. Das heißt doch, dass er alle Arten und Rassen unterscheiden musste. Er ist also der größte Biologe und Zoologe gewesen.

Max: Ist euch eigentlich schon einmal aufgefallen, dass Gott Adam und Eva ganz anders geschaffen hat als die Tiere? In Bezug auf die Welt und die Tiere (d.h. die anorganische und die organische Schöpfung) heißt es: *„Er sprach, und es geschah, er gebot, und es stand da!"* (Psalm 33,8); bei den Menschen aber steht in 1. Mose 2,7, dass Gott ihn „gebildet" hat. Das heißt doch, er hat ihn geformt und bereitet.

Warum schuf Gott Adam und Eva nicht gleichzeitig?

Ich find das prima! Wir Menschen sind extra von ihm konstruiert worden und nicht „entstanden".

Lisa: Ja, bei den Tieren schuf er die Männchen und Weibchen gleichzeitig durch ein Wort, aber bei dem Menschen schuf er zuerst Adam und dann Eva aus der Rippe Adams (1. Mose 2). Er hat sich also total viel Mühe gegeben, um uns Menschen zu machen.

Tom: Aber was heißt: *„Er schuf sie in seinem Bild, im Bild Gottes schuf er sie"* (1. Mose 1,27)? Wir sehen doch nicht so aus wie Gott, oder wie kann ich das verstehen?

Was bedeutet die Ähnlichkeit des Menschen mit Gott?

Niko: Ich denke, wir Menschen sind nach dem gleichen Prinzip wie Gott. Gott ist Dreieinheit, d.h. er ist drei Personen in einem: Gott, der Vater, Gott, der

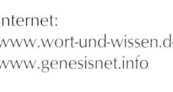

um 4000 v.Chr.
Erschaffung des Menschen 1. Mose 1 und 2

Internet:
www.wort-und-wissen.de
www.genesisnet.info

Adam gab allen Tieren ihre Namen.

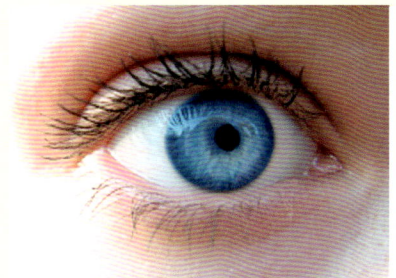
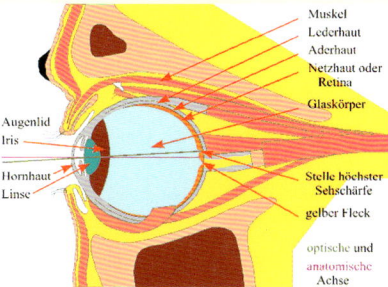

Muskel
Lederhaut
Aderhaut
Netzhaut oder **Retina**
Glaskörper

Augenlid
Iris

Hornhaut
Linse

Stelle höchster Sehschärfe
gelber Fleck

optische und anatomische Achse

Was unter-scheidet den Menschen vom Tier?

Sohn, und Gott, der Heilige Geist. Ähnlich sind wir Menschen auch drei in einem: Wir sind geschaffen nach Geist, Seele und Leib. Alle drei Bereiche bilden zusammen den Menschen.

Lisa: Das unterscheidet uns total von den Tieren: Kein Tier kann über Gott nachdenken.

Max: Und kein Tier denkt über sich selbst nach. Mit dem Geist und der Seele hat Gott uns etwas ganz besonderes geschenkt. *„Er hauchte uns seinen Atem ein",* steht da in 1. Mose 2,7. Jeder ist ein totales Unikat, extra von Gott geschaffen!

Jeder Mensch ist ein Unikat!

Lisa: Wir haben in Bio die Funktionen des menschlichen Körpers durchgenommen. Ich frag mich, wer da noch glauben kann, dass das alles von alleine entstanden sein soll!

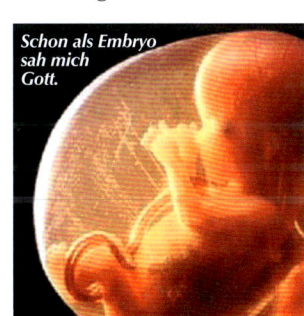

Schon als Embryo sah mich Gott.

Tom: Ja, schon wie das menschliche Gehirn funktioniert!

Da kommt kein Computer mit! Oder denkt an das Sehen der Augen, an das Hören der Ohren, an den Gleichgewichtssinn, das Nervensystem, den Geruchssinn! Unglaublich!

Nur ein Beispiel deines Körpers: Das Wunder des Sehens

„Dein Auge ist eine kombinierte Maschine aus Fotoapparat, Filmkamera und Belichtungsmesser. Es hat eine Autofokus-Einrichtung, eine Weitwinkel- sowie eine Zoomlinse und liefert vollfarbige Sofortbilder. Es kann automatisch Entfernungen berechnen - das ist äußerst notwendig, z. B. wenn du Fahrrad oder Skater fährst. - Auf den ersten Blick scheint das Auge recht einfach zu sein, doch verfügt es über eine schier unzählbare Menge von Sinneszellen: sechs Millionen Zäpfchen zum Farbensehen und etwa 110 Millionen Stäbchen. Diese Stäbchen enthalten jeweils Millionen von Molekülen des lichtempfindlichen Stoffs Rhodopsin, dessen chemische Umwandlung selbst bei schwächster Beleuchtung noch etwas erkennen lässt" (aus: W. MacDonald, „Ein Gott, der Wunder tut", CLV Bielefeld).

Deine Augen liefern deinem Gehirn gleichzeitig zwei etwas unterschiedliche auf dem Kopf stehende Bilder, die dein Verstand wieder richtig herum dreht und dir damit die Perspektive und die räumliche Tiefe vermittelt. Dadurch siehst du plastisch. Halte dir einmal ein Auge zu und versuche, unterschiedlich entfernte Gegenstände zu ergreifen. Du wirst deine Unsicherheit merken, da du die richtige Entfernung nur schwer einschätzen kannst. Das räumliche Sehen ist für unsere Orientierung äußerst wichtig. Deine Augen sehen tausendmal differnzierter als jeder Diafilm oder Monitor. Ein guter Computer mit guter Grafikkarte kann zwischen 16,7 und 36 Millionen Farben darstellen. Deine Augen weit mehr. Jede Nuance des himmlischen Blaus oder eines herrlichen Sonnenuntergangs können registriert werden. Wir sind nur häufig nachlässig im Sehen geworden, da wir unsere Augen täglich mit zu vielen Informationen füttern. Gute Teleobjektive können Weitentferntes heranholen. Dein Auge hat zusätzlich zur Zoomeinstellung eine automatische Fokussierungsmechanik: Das, was du sehen willst, wird sofort scharf abgebildet, Nebensächliches dagegen unscharf maskiert. Ebenso besitzt du in deinen Augen eine automatische Blendenregulierung, so dass sich die Sehnerven binnen kurzem auf unterschiedliche Helligkeitsbereiche einstellen. Keine Filmempfindlichkeit, kein digitales System kommt dem gleich.

Ebensolche Wunder sind deine Ohren, deine Nase, dein Mund, deine Hände und Füße, der Verdauungsapparat, die Haut, dein Nervensystem. Kurz gesagt: Du bist ein Wunderwerk Gottes.

Der König David sagt staunend in Psalm 139,13-18: *„Du bildetest meine Nieren. Du wobst mich in meiner Mutter Leib. Ich preise dich darüber, dass ich auf eine erstaunliche, ausgezeichnete Weise gemacht bin. Wunderbar sind deine Werke, und meine Seele erkennt es sehr wohl. Nicht verborgen war mein Gebein vor dir, als ich gemacht wurde im Verborgenen, gewoben in den Tiefen der Erde. Meine Urform (Embryo) sahen seine Augen. Und in dein Buch waren sie alle eingeschrieben, die Tage, die gebildet wurden, als noch keiner von ihnen da war. "*

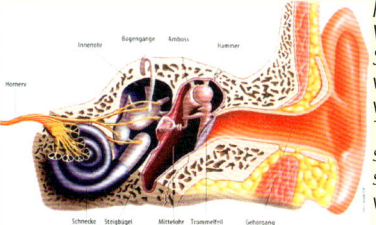

Innenohr · Bogengänge · Amboss · Hammer · Hörnerv · Schnecke · Steigbügel · Mittelohr · Trommelfell · Gehörgang

In der Bibel findest
du zu diesem Thema
viele Aussagen, zum
Beispiel in folgenden
Bibelstellen:
1. Mose 3,1-19;
Römer 5,12-13

**Wie verführt
der Teufel?**

Wenn wir
sehen, wie Satan die
ersten Menschen ver-
suchte und wie er den
Herrn Jesus versuchen
wollte, so können wir
erkennen, dass es im-
mer die gleiche Vorge-
hensweise ist, durch
die er – ebenso wie
damals – seine verfüh-
rerischen Gedanken
verbreitet. Über Jahr-
tausende hat er nur
eines im Sinn, nämlich
die Menschen von
ihrer Beziehung zu
Gott bzw. Jesus Chris-
tus wegzulocken.

**Um 4000 v.Chr.
Im Garten Eden**

Ungehorsam
mit katastrophalen Folgen

Eigentlich muss doch die
erste Zeit im Garten Eden
wunderbar gewesen sein. In
völliger Harmonie mit Gott konnten Adam und Eva die Schönheit
der Schöpfung und die Gemeinschaft mit
Gott genießen. Warum nur geschah der
Sündenfall, warum wurden sie ungehorsam
gegen Gott?

Tom: Sie hätten sich und uns
manches erspart. Es gäbe keine
Krankheiten,
keine Kriege,
keine Sünden, und die
Weltgeschichte wäre ganz
ganz anders verlaufen …

**Warum
waren
Adam und
Eva unge-
horsam?**

Max: Aber mal ehrlich, wärst du stand-
haft geblieben, wenn dir das Angebot
gemacht würde: Du kannst sein
wie Gott?

*Der Sündenfall. So stellte sich
Albrecht Dürer die Situation
vor. Kupferstich (Ausschnitt)
1470-1528*

*In der Bibel wird die
Schlange als listiges Symboltier
für Satan, den Widersacher
Gottes, gebraucht.*

**Wie ver-
führte Satan
Adam und
Eva?**

Niko: Ja, da hat Max Recht.
Der Teufel verführt uns
nach dem gleichen Muster
bis heute. In 1. Johannes
2,16 werden die drei Prinzipien der Verfüh-
rung genannt: *„Die Lust des Fleisches, die Lust
der Augen und der Hochmut des Lebens."* Eva
fiel darauf herein: *„Sie sah, dass der Baum gut
zur Speise und dass er eine Lust für
die Augen und dass der
Baum begehrenswert war,
Einsicht zu geben"*
(1. Mose 3,6).

Mit
den-
selben
Argumenten woll-
te er auch den Herrn

*Der Baum de
Erkenntnis
des Guten
und Bösen*

*Ein verlockender
Granatapfel,
auch Liebes-
apfel genannt*

Jesus versuchen (Lukas 4,1-13).

Max: Mir geht das auch so: Wenn ich was Gutes zu essen sehe, kann ich mich nur schwer bremsen. Andere werden vielleicht durch andere Dinge versucht. Aber es gibt keinen, der nicht sündigen würde. In Römer 3,12 steht: *„Da ist keiner, der Gutes tut, da ist auch nicht einer!"*

Was waren die Folgen des Sündenfalls?

Tom: War das denn so schlimm, dass die beiden von der verbotenen Frucht gegessen hatten? Hätte Gott denn nicht ein Auge zudrücken können?

Niko: Nein. Gott ist gerecht und heilig. Er kann Sünde und Ungehorsam nicht dulden, sonst wäre er nicht Gott. Er hatte sie ja ausdrücklich gewarnt (1. Mose 2,16-17). An dem Tag, an dem sie das Gebot Gottes übertraten, traf sie der körperliche und der geistliche Tod. Das heißt: Von da an gab

Der Verführer von Anfang, die alte Schlange
Offenbarung 12,9

Der Baum des Lebens

Die Versuchung

Der Sündenfall

es Krankheit, Leid und Tod und sie hatten keine Gemeinschaft mehr mit Gott wie vorher.

Lisa: Das muss schrecklich gewesen sein, weil sie es ja von vorher besser kannten ...

Max: Außerdem mussten sie jetzt hart arbeiten, denn Gott hatte gesagt: *„Im Schweiß deines Angesichts wirst du dein Brot essen."* Dagegen war die Zeit vor dem Sündenfall ja fast wie ein Schlaraffenland gewesen ...

Niko: Aber weil Gott die Menschen liebt, hat er ihnen versprochen, eines Tages einen Retter zu senden, der sie von der Strafe der Sünde retten und sie zu Gott zurückbringen würde.

Was versprach Gott nach dem Sündenfall?

Lisa: Das ist der Herr Jesus, nicht wahr? Er ist etwa 4000 Jahre später auf diese Erde gekommen, um für uns zu sterben.

Wie ein roter Faden zieht sich die Linie der Verheißungen auf den Retter Jesus Christus durch die Bibel.

Adam und Eva

Die Vertreibung aus dem Garten Eden - Gott verspricht den Erretter!

Hier beginnt die Linie der Verheißungen auf den Retter!

2

Gott verspricht nach dem Sündenfall Adam und Eva, dass der Retter kommen und den Satan besiegen würde: „Und Gott, der Herr, sprach zu der Schlange: Ich werde Feindschaft setzen zwischen ... deinem Nachkommen und ihrem Nachkommen; er wird dir den Kopf zermalmen, und du, du wirst ihm die Ferse zermalmen" (1. Mose 3,15). Mit dem Nachkommen der Frau ist der Herr Jesus gemeint.
Er ist gekommen, um uns Menschen aus der Macht des Teufels und der Sünde zu retten und uns zu vergeben. Wie eine spannende Kriminalgeschichte lesen sich die Vorankündigungen Gottes in der Bibel auf diesen Erretter (siehe den roten Faden im Buch) und die Versuche Satans, diese Verheißungslinie mit allen Mitteln zu verhindern. Doch der Herr Jesus hat auf Golgatha den Teufel besiegt, dabei musste er sein Leben lassen.

Gott verspricht, den Retter zu senden: Der erste Hinweis auf den Herrn Jesus und sein Sterben am Kreuz!
1. Mose 3,15

Adam und Eva bekleideten sich mit Feigenblättern.
Bild links: Ein Feigenbaum

Disteln - eine der Folgen des Sündenfalls

„Dornen und Disteln wird dir die Erde sprossen lassen ... Im Schweiß deines Angesichts wirst du dein Brot essen."
1. Mose 3,18-19

Fell eines Schafes

Bild links: Gott machte Adam und Eva Röcke aus Fell. Das heißt: Ein Tier musste für ihre Sünde sterben. Ein weiterer Hinweis auf das Opfer des Herrn Jesus, der als „Lamm Gottes" für uns Menschen sterben musste.

2

Die Zeit in Eden endet mit dem Gericht der Vertreibung aus dem Garten.

Die Vertreibung aus dem Garten Eden. Kupferstich von Albrecht Dürer (1470-1528)

Katastrophen, Krieg, Krankheit - Folgen der Sünde

Adam und Eva

Niko: Ja, außerdem bekleidete Gott die beiden mit Röcken aus Fell. Vorher hatten sie sich nur notdürftig mit Feigenblättern bedeckt, weil sie sich plötzlich bewusst wurden, dass sie nackt waren.

Tom: Sie schämten sich eben. Auch das ist also eine Folge der Sünde von Adam und Eva. Wenn man was Falsches tut, bekommt man in der Regel einen roten Kopf ...

Lisa: Die Feigenblätter waren natürlich keine Lösung, die verwelken ja nach kurzer Zeit, und warm wird's einem da auch nicht. Da waren die Kleider aus Fell, die Gott ihnen gab, schon prima!

Niko: Wenn sie Kleider aus Fell bekamen, heißt das doch, dass vorher ein Tier sterben musste. An ihrer Stelle.

Max: Von dem Herrn Jesus wird auch gesagt, dass er an unserer Stelle starb. Deshalb kann er uns unsere Sünden vergeben. So brauchen wir uns vor Gott auch nicht mehr schämen.

Warum gibt es so viel Leid in dieser Welt?

Vielleicht fragst du dich manchmal, warum es so viel Trauriges und Schlechtes in der Welt gibt. Warum werden die Menschen krank und müssen leiden und sterben? Warum gibt es so viel Ungerechtigkeit, Krieg und Terror in dieser Welt? Warum so viele Katastrophen, Hungersnöte, Armut und Elend? War nicht alles gut und schön, als Gott die Welt geschaffen hatte? Die Antwort auf diese Fragen findest du in deiner Bibel: Weil die Menschen ungehorsam gegen Gott waren. Sie sündigten und verdarben dadurch Gottes vollkommene und schöne Schöpfung. In Römer 5,12 heißt es: *„Durch **einen** Menschen ist die Sünde in die Welt gekommen und durch die Sünde der Tod, und so ist der Tod zu allen Menschen durchgedrungen, weil sie alle gesündigt haben."*

Warum gibt es so viel Leid in dieser Welt?

Warum sündigen wir eigentlich?

Hast du dich auch schon einmal gefragt, warum du etwas Falsches tust, obwohl du das Richtige kennst? Gott hat uns in der Bibel Regeln und Gebote gegeben, die wir befolgen sollen, damit es uns gut geht. Aber schon gleich die ersten beiden Menschen brachen Gottes erstes Verbot, von dem Baum zu essen. Seit dieser Sünde wird jeder Mensch mit dem Hang zur Sünde geboren. Es ist so, als sei damit in jedem von uns der „Virus der Sünde" vorhanden. Du wirst also bereits als Sünder geboren. Du bist nicht ein Sünder, weil du sündigst, sondern du sündigst, weil du ein Sünder bist.

Sünde ist alles das, was du denkst, sagst oder tust, das gegen Gottes Gebote ist. Selbst wenn du dich anstrengst, wirst du es nicht schaffen, ohne Sünde zu leben. Keiner ist ohne Sünde. Wie aber werden wir die Sünde in unserem Leben los? Nur Gott kann dir die Sünden vergeben und wegnehmen.

Wie bekomme ich Vergebung meiner Schuld?

Damals bei Adam und Eva hatte Gott ein Tier an ihrer Stelle geopfert und damit einen Hinweis auf das Opfer gegeben, das einmal der Herr Jesus auf Golgatha bringen würde, als er die Strafe unserer Sünde (den Tod) auf sich nahm. Er ist dort für dich gestorben. So kann Gott dir auch heute vergeben, wenn du ihn im Gebet darum bittest und ihm deine Sünden, deine Fehler, sagst.

Weshalb kann Gott Sünden vergeben?

Wie kann ich der Versuchung widerstehen?

Auch wenn der Herr Jesus dir deine Sünden vergeben hat, wirst du merken, dass du leider noch sündigen kannst und es auch tust. Doch wirst du merken, je mehr du dich mit dem Herrn Jesus und seinem Wort, der Bibel, beschäftigst, dein Leben verändert wird. Meide Situationen, die dir zur Gefahr werden können und lerne, mit der Hilfe Jesu „Nein" zur Sünde zu sagen. Erzähle deinen Freunden und Verwandten davon, dass du dein Leben mit Jesus leben willst. Das wird dir ebenfalls helfen, nicht zu sündigen. Lies jeden Tag in deiner Bibel und halte regelmäßig mit dem Herrn Jesus Kontakt durch das Gebet.

Die Erde versinkt – Gott rettet: die Sintflut

2

In der Bibel findest du zu diesem Thema viele Aussagen, zum Beispiel in folgenden Bibelstellen:
1. Mose 4-6;
Hebräer 11,4;
Johannes 8,44;
1. Johannes 3,12;
Offenbarung 20,10;
1. Petrus 3,20;
2. Petrus 2,5

O bwohl Gott Adam und Eva aus dem Garten Eden vertreiben musste, weil sie gesündigt hatten, gab Gott ihnen doch eigentlich mit dem Versprechen, dass ein Retter kommen würde, Hoffnung zum Weiterleben. Wie ist es dann mit den Menschen weitergegangen?

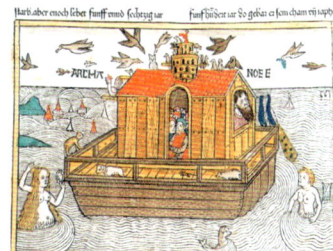

Die Arche, wie sie in der Koberger-Bibel um 1500 in einem farbigen Holzschnitt dargestellt ist.

Wie ist es mit den Menschen weitergegangen?

Tom: Mit der Verheißung auf den Retter hatte Gott aber auch eine ständige Feindschaft zwischen dem Reich Gottes

glaubenden Menschen. Kain und Abel, die ersten Söhne, die Adam und Eva geboren wurden, sind Beispiele für diese beiden verschiedenen Menschengruppen.

Max: Das versteh ich nicht: Warum hatte Gott das Opfer von Kain eigentlich nicht angenommen, das von Abel aber doch?

Warum nahm Gott das Opfer Kains nicht an?

Niko: Kain und Abel brachten beide jeweils ein Opfer für Gott. Kain von den Früchten seines Feldes, Abel ein Tier seiner Herde. Kain war wohl stolz darauf, was er als Ackerbauer geschafft hatte, Abel hatte dagegen

Der Brudermord Kains an Abel. Holzschnitt um 1550

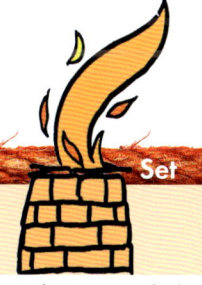

Set

Kain/Abel
um 3800 v.Chr.
der Brudermord

und der Macht des Teufels angekündigt. Auch das kann man in der ganzen Menschheitsgeschichte beobachten: Ein dauernder Gegensatz zwischen den bösen und den

verstanden, was Gott erwartete: Ein Sühnungsopfer, das er im Glauben brachte. Hebräer 11,4 spricht davon. Ohne Zweifel hatte ihr Vater Adam von dem Sündenfall,

Hebräer 11,4 macht deutlich, dass Abel wohl verstanden hatte, was Gott unter einem Opfer versteht: Ein anderer stirbt für meine Schuld an meiner Stelle. Abel glaubte und brachte ein Tier seiner Herde.

Ja. Es ist auffallend, dass in 1. Mose 5 nur eine ganz bestimmte Geschlechterfolge mit genauen Jahresangaben versehen ist. Es ist die, die auch in Lukas 3 genannt wird und auf den Herrn Jesus als den verheißenen Retter hinführt. Wie die Bibel berichtet, hatte die Erde im damaligen Zeitalter (vor der Sintflut) völlig andere klimatische Verhältnisse als wir heute haben. Nach der Flut setzte Gott das Alter der Menschen auf max. 120 Jahre herab (1. Mose 6,4).

den katastrophalen Folgen und von der Bekleidung berichtet, die Gott ihnen gegeben hatte. Dafür hatte ein Tier sterben müssen. Das hatte offenbar Abel verstanden. So brachte er ein Tier seiner Herde. Dieses Opfer nahm Gott an. Das aber machte Kain zornig und er ermordete seinen Bruder.

Tom: Das ist total tragisch. Adam und Eva mussten die Folgen ihrer Sünde tragen: Ihr erster Sohn wurde zum Mörder und ihr zweiter kam um!

Lisa: Aber Gott gab ihnen einen weiteren Sohn, Set. Soviel ich weiß, heißt das „Ersatz" (1. Mose 4,25).

Niko: Ja, doch scheint es, als ob sich die schnell vermehrende Erdbevölkerung entweder dem Weg des Kain anschloss, der sich von Gott entfernte (1. Mose

Gott beschloss, einzugreifen und die Menschen durch eine Flut zu vernichten.

Lisa: Aber er warnte sie durch Noah, der mit seiner Familie gegen den Trend lebte und Gott gehorsam war.

Warum wollte Gott die Menscheit vernichten?

Max: Das ist echt stark wie Noah völlig anders gelebt hat als die übrigen. Der musste sich wohl 'ne Menge Spott anhören!

Tom: Ja, das war schon ein verrückter Auftrag, den Gott ihm gegeben hatte: Ein riesiges Schiff zu bauen mitten auf dem Trockenen. Ohne Antrieb, ohne Steuerruder, ohne Kommandobrücke und ohne Kompass und Navigationssystem. Ein riesiger Frachter mit drei Etagen und vielen Kammern

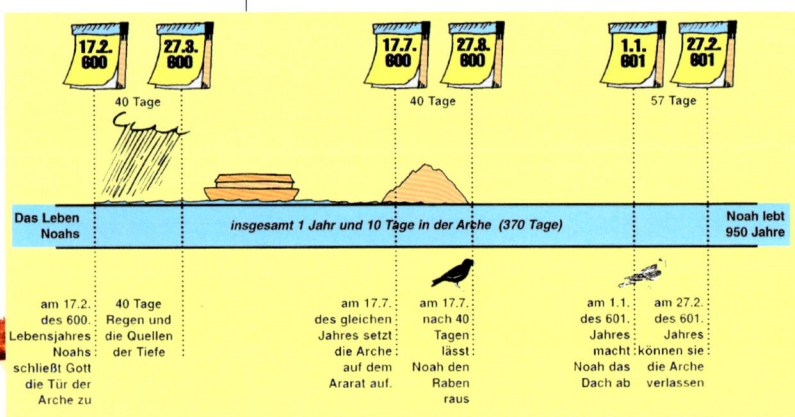

Das Leben Noahs

insgesamt 1 Jahr und 10 Tage in der Arche (370 Tage)

Noah lebt 950 Jahre

17.2. 600 — 27.3. 600 — 40 Tage

17.7. 600 — 27.8. 600 — 40 Tage

1.1. 601 — 27.2. 601 — 57 Tage

am 17.2. des 600. Lebensjahres Noahs schließt Gott die Tür der Arche zu

40 Tage Regen und die Quellen der Tiefe

am 17.7. des gleichen Jahres setzt die Arche auf dem Ararat auf.

am 17.7. nach 40 Tagen lässt Noah den Raben raus

am 1.1. des 601. Jahres macht Noah das Dach ab

am 27.2 des 601. Jahres verlassen sie die Arche

oben: Das Schema zeigt den zeitlichen Ablauf der Flut. Insgesamt war Noah mit seiner Familie 370 Tage in der Arche.

oben: Diese Zeichnung zeigt die Größe der Arche: ca. 150 m lang, 25 m breit und 15 m hoch. Ein riesiger Kasten, ein seetüchtiger Ozeanriese ohne Segel, ohne Steuer, ohne Deck und ohne Navigationssystem.

Adam - Set - Enosch - Kenan

um 4000 v.Chr.

4,16), oder dem Weg des Set, der begann, zu Gott zu beten (1. Mose 4,26). Die Lebensweise der Nachkommen Kains wurde im Laufe der Jahre so verdorben, dass

und Vorratsräumen. Nur acht Menschen Personal mit einer Menge lebender Fracht: vom Spatzen bis zum Elefanten, von der Mücke bis zum Leoparden ...

Lisa: Aber er muss Gott völlig vertraut haben. Stellt euch vor: 1 Jahr und 10 Tage eingeschlossen zu sein und nicht zu wissen, wohin die Reise geht ...

Max: War die Flut eigentlich eine regionale Katastrophe - so ähnlich wie eine große Tsunami-Welle? Oder war sie weltweit?

Tom: Nach dem Bericht der Bibel war sie weltweit. Und tatsächlich finden wir bis heute bei den verschiedensten Völkern der Erde ähnliche Berichte über eine Flut.

Wofür ist die Arche ein Beispiel?

Lisa: Wenn Noah Gott nicht gehorsam gewesen wäre, wäre er nicht gerettet worden. So gesehen ist für uns heute - bildlich gesagt - der

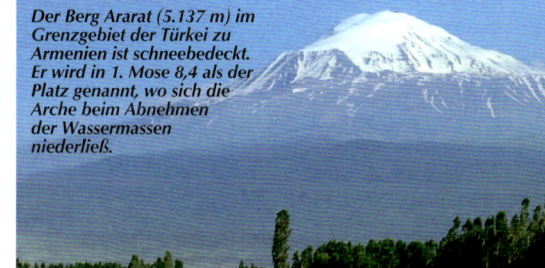

Der Berg Ararat (5.137 m) im Grenzgebiet der Türkei zu Armenien ist schneebedeckt. Er wird in 1. Mose 8,4 als der Platz genannt, wo sich die Arche beim Abnehmen der Wassermassen niederließ.

Max: Wo sind eigentlich all die Dinosaurier geblieben, von denen man Fossilien findet? Sind die auch in der Arche gewesen?

Niko: Wir können davon ausgehen, dass all die Versteinerungen, die man heute findet, Einschlüsse aus der Zeit der Sintflut sind. Nach der Flut haben sich die klimatischen Verhältnisse geändert, so dass die Dinos ausgestorben sind.

rechts: Zwei Holzschnitte aus der Bilderbibel von Julius Schnorr von Carolsfeld (1860), die den Auszug Noahs aus der Arche und den Bund, den Gott mit Noah schloss, zeigen.

Die Taube brachte mit dem gefundenen Olivenblatt die Nachricht, dass das Wasser der Flut gesunken war (1. Mose 8,9).

👍 *unten: Die Arche als Rettungsmittel ist ein treffender Vergleich für die einzige Rettungsmöglichkeit für uns: Das Kreuz Jesu. Nur durch ihn können wir gerettet werden.*

Bis heute freuen sich alle Menschen, wenn sie einen Regenbogen sehen. Er erinnert uns an das Versprechen Gottes, dass er die Erde nicht mehr durch eine Flut vernichten wird.

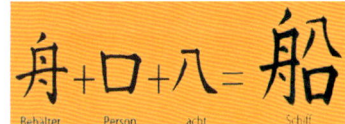

ahalalel - **Jared** - **Henoch** - **Methusalah** - **Lamech** - **Noah**

Die Namen in dem roten Faden sind solche Personen, die in der direkten Ahnenfolge zum versprochenen Retter (1. Mose 3,15) stehen, dem Herrn Jesus (vgl. Lukas 3,23-38).

um 2350 v.Chr. die Sintflut

Herr Jesus eine Art Arche für uns Menschen. Nur durch ihn können wir vor dem kommenden Gericht, das Gott angekündigt hat, gerettet werden!

rechts: In der chinesischen Sprache setzt sich das Schriftzeichen für „Schiff" aus den Symbolen für „Behälter"+„Person"+ „acht" zusammen.

舟＋口＋八＝船

Behälter Person acht Schiff

👍 **Die Zeit vor der Flut endet mit dem Gericht der Sintflut.**

Tyrus

Ptolemais/
Akko

GALILÄA

Kana

Kapernaum

Haifa

Magdala

See Gene-
zareth

Karmel

Nazareth

Tibe-
rias

MITTELMEER

JESREEL-EBENE

TABOR

Megiddo

Jordan

Cäsarea

Jordan

SAMARIA

Jordan

Jafo/Joppe

MOAB

JUDÄA

Jericho

Jerusalem
Bethlehem

Kidrontal

WÜSTE JUDA

Totes Meer

**Das Land der Bibel (Satelitenaufnahme)
mit einigen Ortsangaben aus biblischer Zeit**

Beerscheba

28

II. Zeitalter:
Das gegenwärtige Zeitalter

3. Die Zeit bis zum Turmbau
4. Die Zeit der Patriarchen
5. Die Zeit unter Gesetz
6. Die Zeit der Gemeinde

3

4

5

6

In der Bibel findest
du zu diesem Thema
viele Aussagen, zum
Beispiel in folgenden
Bibelstellen:
1. Mose 9-11;
Jesaja 45,18

*Nimrodjäger. Relief aus
Mesopotamien*
Vgl. 1. Mose 10,10

Hochmut kommt vor dem Fall - Babel

Das muss spannend gewesen sein, als Noah mit seiner Frau, seinen Söhnen und Schwiegertöchtern aus der Arche kam und ganz von vorne anfangen musste!

Lisa: Aber Gott hatte ihnen versprochen, sie zu segnen, und als Zeichen hat er ihnen den Regenbogen gegeben. Ich freu mich jedes Mal, wenn ich einen sehe.

Niko: In der Bibel heißt es: *„Und die Söhne Noahs, die aus der Arche gingen, waren Sem, Ham und Japhet, ... und von diesen aus ist die ganze Erde bevölkert worden"* (1. Mose 9,18-19). Das sind also die drei Menschengruppen, nach denen viele bis heute die Menschheit einteilen.

Wodurch entstanden die Menschenrassen?

Tom: Mir ist beim Lesen der Bibel aufgefallen, dass Gott hier nach der Flut zum ersten

Mal dem Menschen selbst eine gewisse Gerichtsbarkeit überträgt: Die Unantastbarkeit des Lebens und die Gerichtsstrafe bei Nichtbeachtung: *„Wer Menschenblut vergießt, dessen Blut soll durch Menschen vergossen werden, denn nach dem Bild Gottes ist er gemacht"* (1. Mose 9,6). Damit übertrug Gott dem Menschen die Verantwortung des friedlichen Miteinanders.

Warum wurde der Turm zu Babel gebaut?

Lisa: Außerdem hatte er gesagt, sie sollten sich über die Erde verteilen. Aber wieder waren sie ungehorsam. Sie blieben alle zusammen in Mesopotamien, dem Gebiet zwischen Euphrat und Tigris, dem heutigen Irak. Dort planten sie, einen riesigen Turm zu bauen, der *„bis an den Himmel reicht"* (1. Mose 11,4).

Niko: Damit planten sie im Grunde nichts anderes, als was schon Adam und Eva bei ihrem

Noah   -   Sem   -   Arpaksad   -   Schelach   -   Heber   -

um 2350 v.Chr.

Noah		
Sem	**Jafet**	**Ham**
Elam, Assur, **Arpaksad**, Lud, Aram	Gomer, Magog, Madai, Jawan, Tubal, Mesech	Kusch, Mizraim, Put, Kanaan
1. Mose 10,21	1. Mose 10,2	1. Mose 10,6
(Semitische Rasse)	(Europ. Rasse)	(Negride Rasse)

rechts: **Was ist die sog. Kontinentalverschiebung?** *Heutige Wissenschaftler vermuten, dass die verschiedenen Erdteile einmal miteinander verbunden waren.*
Bildquelle: hpo-online.de

Sündenfall gereizt hatte: Sie wollten sein wie Gott, um sich einen Namen zu machen und die Verteilung auf der Erde zu verhindern.

Max: Jetzt versteh ich auch, warum Gott das verhindert hatte und ihre Sprache verwirrte: Damit sie sich nicht mehr verständigen konnten.

Lisa: Schade, wenn sie gehorsam gewesen wären, müssten wir heute nicht in der Schule dauernd die Fremdsprachen büffeln ...

Tom: Erst im Himmel werden wir wieder alle mit einer Stimme Gott loben und preisen (Offenbarung 5,9; 7,9-14).

Was bezweckte Gott mit der Sprachenverwirrung?

unten: Das Zentrum der Menschheit liegt im Gebiet zwischen den Flüssen Euphrat und Tigris.

Der Turm zu Babel. Dieser biblische Bericht hat viele Künstler inspiriert. Hier ein Gemälde von Peter Brueghel, dem Älteren, 1563.

Gomer
Aschkenas
Tiras
Riphat
Jawan
Togerma
Lud
Assur
Mesech
Tubal
Nimrod
Aram
Madai
Put
Kanaan (Philister)
Elam
Mizraim
Arpaksad
Joktan
Ophir
Saba
Kusch

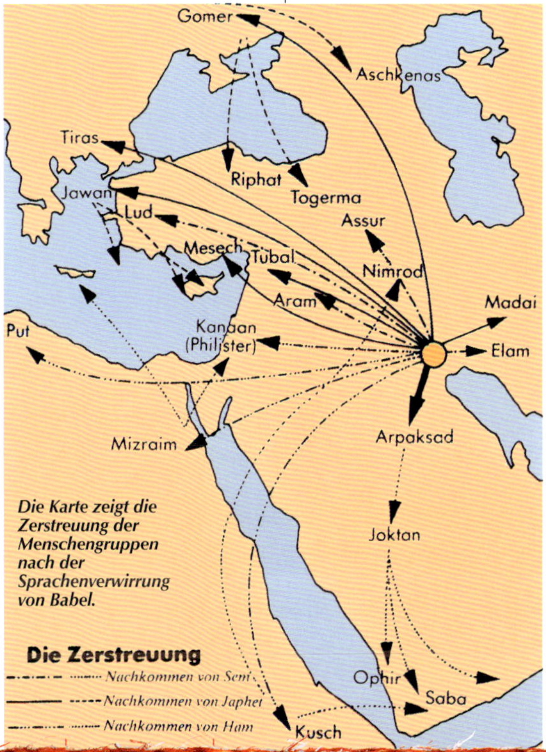

Die Karte zeigt die Zerstreuung der Menschengruppen nach der Sprachenverwirrung von Babel.

Die Zerstreuung
— — — Nachkommen von Sem
— - - — Nachkommen von Japhet
· · · · · · Nachkommen von Ham

Peleg — Reghu — Serug — Nahor

Sprachenverwirrung um 2200 v.Chr.

Wenn man die Küstenlinien der Kontinente miteinander vergleicht, scheinen sie wie ein Puzzle zusammen zu passen. Daraus schließt man, dass es einmal nur einen Kontinent gegeben haben könnte. Möglicherweise geschah diese Teilung der Kontinente zur Zeit Pelegs. In 1. Mose 10,25 heißt es: „In seinen Tagen wurde die Erde zerteilt." Der Name Peleg bedeutet Teilung oder Spaltung.

ژ وه ره دبيژم ، وها ژی
خافا ملكين خودی دبه شاهی
ژ بۆ گوناکارہ کی کۆ تۆبه دکه.

links: Seit 1918 bemühen sich Wycliff-Bibelübersetzer, die Bibel in alle Sprachen der Menschheit zu übersetzen, damit jeder die frohe Botschaft in seiner Sprache lesen kann. Hier ein Abschnitt aus Lukas 15,10 in kurdisch (in arabischer Schrift).

Die Zeit nach der Flut endet mit der Sprachenverwirrung von Babel.

In der Bibel findest du zu diesem Thema viele Aussagen, zum Beispiel in folgenden Bibelstellen:
1. Mose 12-50;
Hebräer 11,17-22;
Apostelgeschichte 7,1-16

oben: Sumerische Standarte aus Ur in Chaldäa, der Heimat Abrahams
unten: Tontäfelchen aus Ur

Gott ruft persönlich – die Zeit der Patriarchen

D as muss sagenhaft gewesen sein, als Gott damals Abraham berufen hatte! Immerhin hat er alles verlassen und ist Gott gehorsam gewesen, ohne zu wissen, wohin die Reise gehen würde ...

Wie berief Gott Abraham?

Ähnlich diesem Beduinen können wir uns Abraham, Isaak und Jakob, die Patriarchen, vorstellen.

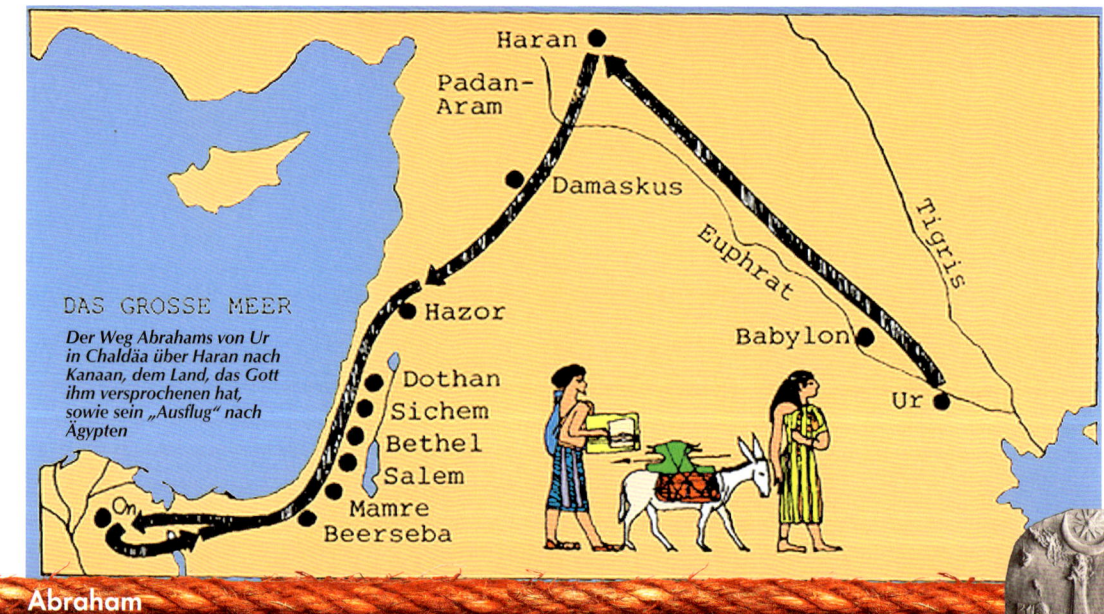

HARAN
Padan-Aram
Damaskus
Tigris
Euphrat
DAS GROSSE MEER
Der Weg Abrahams von Ur in Chaldäa über Haran nach Kanaan, dem Land, das Gott ihm versprochenen hat, sowie sein „Ausflug" nach Ägypten
Hazor
Babylon
Dothan
Sichem
Bethel
Salem
Ur
On
Mamre
Beerseba

Terach   Abraham
um 2000 v.Chr.
Abrahams Berufung in Ur   **Reise nach Ägypten und Rückkehr**

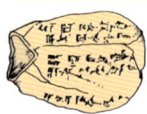

Beschriftete Tontasche aus Mari (18. Jh. v.Chr.), die einem Hirtenbeutel nachgebildet ist.

Zikurat in Ur in Chaldäa aus der Zeit Abrahams

links: Goldener Helm des Königs Meskalamdug aus Ur in Chaldäa, der Heimat Abrahams. Um 2400 v.Chr. rechts: Stele, die dem Mondgott von Ur geweiht war.

Tom: Dabei war Ur in Chaldäa, wo Abraham wohnte, eine hochzivilisierte Großstadt. Ich hab gelesen, dass man da schon mehrstöckige Häuser mit Warmwasser-Fussbodenheizungen kannte! Mit dem Ruf an Abraham begann Gott einen neuen Zeitabschnitt, in dem er einzelnen Menschen die Verheißungen auf den kommenden Retter genauer sagte.

Max: Was hat Gott denn eigentlich dem Abraham und seinen Nachkommen versprochen?

Was versprach Gott den Patriarchen?

Niko: In 1. Mose 12,2-3 steht, dass Gott ihn zu einem großen Volk machen wollte – das ist Israel – und dass er in ihm alle Völker der Erde segnen würde.

Lisa: Das ist sicher ein deutlicher Hinweis auf den Herrn Jesus, der ja - menschlich gesehen - ein Nachkomme von Abraham ist. Sein Stammbaum steht im Lukas-Evangelium Kapitel 3, Verse 23-38.

Warum berufen sich die Araber auf Abraham?

Max: Aber Abraham und seine Frau Sara mussten lange Jahre auf den versprochenen Sohn warten, obwohl Gott ihm den verheißen hatte. Ungeduldig geworden durch das jahrelange Warten, nahm er auf Vorschlag Saras die Magd Hagar zur Frau. So wurde Ismael geboren, dessen Nachkommen zu den Arabern gerechnet werden. Erst 14 Jahre später wurde dann Isaak wie durch ein Wunder geboren.

Niko: Ja, dadurch ist bis heute der immerwährende Streit zwischen diesen Völkern im Nahen Osten zu erklären. Jeder von ihnen beruft sich darauf, als Erbe Anrecht auf das Land zu haben.

Warum nennt man Abraham, Isaak und Jakob die „Patriarchen"?

Das Wort Patriarch ist aus den griechischen Worten *pater* = „Vater" und *archein* = „herrschen, Erster sein" zusammengesetzt. Als Patriarchen bezeichnet man zunächst die Väter des Alten Testaments (Abraham, Isaak, Jakob und seine Söhne).

*oben: **Abraham wird von dem Engel gehindert, seinen Sohn zu opfern. Stattdessen wird ein Widder geopfert, ein Hinweis auf den stellvertretenden Tod Jesu für uns.** Gemälde von M. Caravaggio (1573-1610)*

Die zwölf Söhne Jakobs, ihre Namen und die Bedeutung der Namen

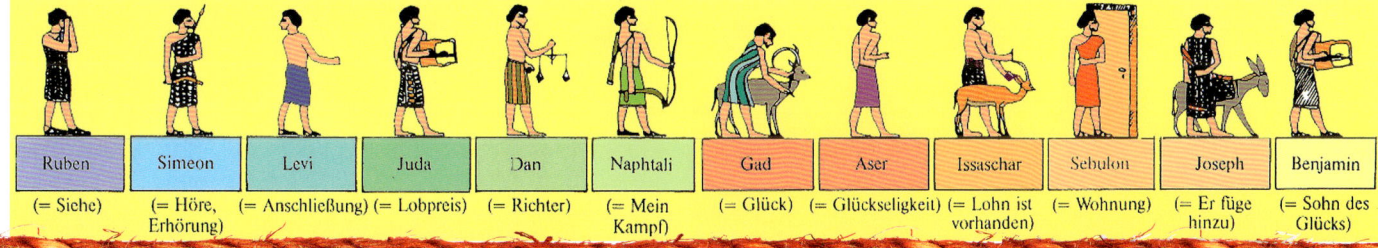

Ruben	Simeon	Levi	Juda	Dan	Naphtali	Gad	Aser	Issaschar	Sebulon	Joseph	Benjamin
(= Siehe)	(= Höre, Erhörung)	(= Anschließung)	(= Lobpreis)	(= Richter)	(= Mein Kampf)	(= Glück)	(= Glückseligkeit)	(= Lohn ist vorhanden)	(= Wohnung)	(= Er füge hinzu)	(= Sohn des Glücks)

Isaak

um 1900 v.Chr.
Opferung Isaaks

*links: **Die Terebinthe mit ihren tief herabhängenden Zweigen spielt zur Zeit der Patriarchen eine große Rolle. In ihrem Schatten schlug man gerne sein Zelt auf. Diese Bäume wurden bis zu 20 m hoch.***

*links: **Kamele waren zur Zeit der Patriarchen das zuverlässige Reise- und Transportmittel. Händler durchzogen mit ihnen weite Strecken der damaligen Welt.** Vgl. die Karawane der Ismaeliter, die Joseph nach Ägypten verkauften.*

*links: **Abbildung eines Ziehbrunnens aus der Zeit Isaaks und Jakobs. Wasser war überlebensnotwendig.***

4

Wenn das keine Karriere ist! Ein schwerer Weg für Joseph, aber er vertraute Gott. Und Gott hat ihn nicht verlassen. So ist Joseph ein Beispiel für den Herrn Jesus, der sogar durch den Tod musste, um uns Menschen aus unserer Not zu retten.

Lisa: Aber Gott hatte es doch dem Isaak versprochen!

Tom: Ja, und Isaak glaubte Gott, und Gott bestätigte ihm das an Abraham gemachte Versprechen.

Max: Aber wie ging das dann weiter? Isaak hatte doch Zwillinge: Esau und Jakob. Wer sollte denn den „roten Faden" des Versprechens auf den Retter weiterführen?

Lisa: Soviel ich weiß, hatte doch Rebekka, ihre Mutter, von Gott gesagt bekommen, dass Jakob der Segen und das Versprechen zukommen sollte. Zwischen den beiden Brüdern herrschte Streit. Esau wurde der Stammvater der Edomiter, die den Israeliten, den Nachkommen Jakobs, immer wieder Schwierigkeiten gemacht haben.

Tom: Aber Jakob war - wie man heute sagen würde - ein Dickkopf. Gott hat lange gebraucht, bis dieser Mann sich ihm unterordnete. Deshalb gab er ihm dann den Namen „Israel", das

Weshalb wurde Jakob von Gott „Israel" genannt?

heißt „Kämpfer Gottes". Von seinen zwölf Söhnen war Joseph sein Lieblingskind. Seine Brüder aber hassten Joseph und verkauften

Was sind die zwölf Stämme Israels?

ihn schließlich an Händler, die ihn als Sklaven nach Ägypten brachten. Gott aber segnete Joseph dort und gab ihm Gelingen.

Lisa: Stellt euch vor: Das muss für Joseph total schwer gewesen sein. Vom verwöhnten Lieblingskind zum Sklaven, der sogar unschuldig ins Gefängnis kam!

Niko: Ja, aber zwanzig Jahre später zwang Gott den Jakob wegen einer Hungersnot, mit seinen Söhnen und deren Familien nach Ägypten zu ziehen. Joseph erkannte, dass der Weg, der für ihn so schwer gewesen war, doch letztlich zur Rettung seiner Familie diente. Er wurde durch den Pharao, den König Ägyptens, zum zweitmächtigsten Mann im ganzen Reich gemacht und konnte so seiner Familie helfen. Gott hat seine Treue belohnt.

Tom: Die Nachkommen dieser zwölf Söhne nennt man die 12 Stämme Israels. Daraus setzt sich bis heute das Volk Israel zusammen.

Jakob

um 1800 v.Chr.
Joseph nach Ägypten verkauft

Siegelstein aus dem 17. Jh. v.Chr. mit dem Namen J'kb-hl (Jakob)

Yaakov

Yisrael

Gott gibt Jakob den Namen „Israel", d.h. „Kämpfer Gottes" (1. Mose 32,28). links: Die beiden Namen in hebräischer Schreibweise

Was mag Joseph empfunden haben, als er als Teeny in die Kulturlandschaft Ägyptens verschleppt wurde und die gigantischen Bauwerke der Paläste und Pyramiden sah?

Ein Volk entsteht in der Sklaverei

Ich war vor einiger Zeit mit meinem Vater in einer Ausstellung über das alte Ägypten. Da wurden Ausgrabungen gezeigt aus der Zeit des Pharao Tutanchamun. Das war super! Wenn ich mir vorstelle, dass Joseph das alles gesehen hat, als er am Hof des Pharao war! Welch ein Prunk, welche Kostbarkeiten, welcher Reichtum! Wo er doch vorher nur ein kleiner Hirtenjunge gewesen ist! Auch die großen Pyramiden von Gizeh standen zu diesem Zeitpunkt schon.

Ägypten war kulturell, technisch und wissenschaftlich absolut spitze!

Lisa: Das muss für die Brüder Josephs und ihre Familien, die sich in der Landschaft Gosen ansässig machen durften, ja fast wie im Schlaraffenland gewesen sein!

Niko: Aber nachdem sowohl Jakob als auch Joseph gestorben waren, kam in Ägypten ein König zur Herrschaft, der Joseph nicht kannte. Beunruhigt durch das schnelle Wachsen

In der Bibel findest du zu diesem Thema viele Aussagen, zum Beispiel in folgenden Bibelstellen:
1. Mose 37-50;
2. Mose 1

Die Pyramiden von Gizeh: Mykernios, Chephren und Cheops standen zur Zeit Josephs bereits.

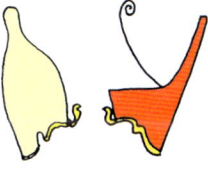

„Ein anderer König stand auf, der Joseph nicht kannte ...“
links: **Die weiße Krone der oberägyptischen Pharaonen**
rechts: **Die rote Krone der unterägyptischen Pharaonen**

Ruben
Simeon
Levi
Juda
Joseph
Benjamin
Dan
Naftali
Gad
Aser
Issaschar
Sebulon

links: **Pharao Tutanchamun, Holzrelief eines Sarkophags**
rechts: **Die vergoldete Mumienmaske des Tutanchamun**

4

Die Namenssymbole der ägyptischen Herrscher
links: Pharao Echnaton
(1361-1340),
mitte: Pharao Tutanchamun
(1333-1325),
rechts: Pharao Ramses II
(1290-1224).
Er baute die große Tempelanlage Abu Simbel (siehe unten rechts).

Die Merenptah-Stele aus dem Jahr 1209 v.Chr.

des Volkes Israel, beschloss er, sie durch grausame Unterdrückung und durch die Ermordung aller männlichen Babys zu vernichten. Er trieb sie zum Sklavendienst an. Sie mussten Lehmziegel brennen für die vielen großen Bauten der Pharaonen.

Warum wurden die Kinder Israel in Ägypten unterdrückt?

Max: Das muss eine schreckliche Zeit gewesen sein! Immerhin ist Israel insgesamt etwa 400 Jahre in Ägypten gewesen, bevor Gott sie herausgerettet hat. Puuh, da bin ich aber froh, dass ich heute leben kann ...

oben: Ziegelherstellung im alten Ägypten. Zeichnung nach einer Grabmalerei in Theben. Ähnlich kann man sich die Zwangsarbeit der Kinder Israel in Ägypten vorstellen. Unten links wird Lehm gestochen, der Mann in der Mitte transportiert ihn. Rechts oben wird der Lehm in Formen gefüllt und links oben zum Trocknen gestapelt. Rechts unten werden die Ziegel vermauert. Ein Wächter oben rechts beaufsichtigt die Arbeiten.

oben: Die erste Erwähnung des Namens „Israel" in ägyptischen Hieroglyphen auf der Merenptah-Stele. vgl. Bild links

Juda

Joseph um 1800 v.Chr.
Israel in Ägypten

Ausgrabungen in Tell ed-Daba („Raámses") unterstützen die Berichte der Bibel, dass Israel (semitische Sklaven) in Ägypten gelebt hat und es den Auszug aus Ägypten gegeben hat.
(Richard Wiskin, Das Biblische Alter der Erde, 1994, Hänssler-Verlag, Wort+Wissen-Edition)

oben: Verschiedene Grabmalereien aus dem alten Ägypten
unten: Die Tempelanlage Abu Simbel des Pharao Ramses II

Die Zeit der Patriarchen endet mit der Unterdrückung in Ägypten.

Gott befreit!
Der Auszug aus Ägypten

Hier beginnt der 5. Zeitabschnitt: **Die Zeit unter Gesetz - Israel** **5**

In der Bibel findest du zu diesem Thema viele Aussagen, zum Beispiel in folgenden Bibelstellen:
2. Mose 1-14;
Apostelgeschichte 7,17-36;
Hebräer 11,28;
2. Korinther 5,7

Während dieser schweren Zeit der Sklaverei der Israeliten in Ägypten wurde Mose geboren. Er stammte aus dem Stamm Levi. Seine Eltern hießen Amram und Jochebet, und seine Geschwister waren Aaron und Mirjam. Davon lesen wir im 2. Buch Mose ab Kapitel 1.

Lisa: Ich stell mit gerade vor, wie schlimm das für die Eltern von Mose gewesen sein muss, als der damalige Pharao das Gesetz erließ, alle neugeborenen Jungen der Israeliten zu töten. Die Angst um ihr Baby muss riesig gewesen sein!

Max: Aber dann hat Gott ja ein tolles Wunder getan: Seine Mutter hatte ihn im Glauben auf Gottes Hilfe in ein Körbchen

Weshalb hatte Mose einen ägyptischen Namen ?

gelegt und im Uferschilf des Nilflusses verborgen. Dort fand ihn die Tochter des Pharao, nahm ihn als Adoptivkind auf und nannte ihn „Mose". Dieser Name ist ägyptisch und heißt übersetzt „aus dem Wasser gezogen". Gott hat Mose praktisch durch denjenigen gerettet, der eigentlich seinen Tod gewollt hatte.

Tom: Am Hof des Pharao bekam Mose die beste Ausbildung, die man damals überhaupt haben konnte. In Apostelgeschichte 7,22 wird

*unten: **Am Ufer des Nil** links: **Das Körbchen im Papyrusschilf***

Juda   Perez   Hezron

um 1520 v.Chr. Mose wird geboren   Pharao Amenemhet
Israel in der Sklaverei in Ägypten

*links: **Eine Festgesellschaft am Hof des Pharaos.** Ägyptisches Wandgemälde aus einem königlichen Grab aus der Zeit Moses*

*links: **Die Tochter des Pharao fand Mose im Körbchen am Ufer des Nil und gab ihm den Namen „Mose", d.h. „aus dem Wasser gezogen".***

Kennt man den Pharao, der Israel unterdrückt hat?

Die Zeitrechnung, nach der die Geschichte Ägyptens heute allgemein eingeteilt wird, geht von den Berichten des Ptolemäus aus, von denen man aber nicht sicher ist, ob sie in allen Daten mit der Zeitfolge anderer Völker übereinstimmt. Es gibt inzwischen verschiedene Versuche, sie einander anzupassen. An einer alternativen Zeitrechnung (nach Courville), die die biblischen Angaben berücksichtigt, wird z.Zt. am *University College London* geforscht (Vgl. Richard Wiskin, Das bibl. Alter der Erde, 1994, Wort+ Wissen Edition). Nach der Frühdatierung wäre es Tutmoses III (um 1440) gewesen, nach der Spätdatierung Ramses II (um 1240). Dieses Buch geht von der Frühdatierung aus. Danach wäre der Pharao Amenemhet III (1540-1492) der mögliche Stiefvater von Mose und der Pharao der Unterdrückung gewesen.

gesagt, dass er in allen Wissenschaften der Ägypter unterrichtet worden ist, sehr redegewandt war und hervorragende Arbeit leistete.

Lisa: Aber warum ist Mose nicht Pharao geworden? Er hätte doch eine fantastische Karriere machen können! Hätte er nicht als Pharao mehr für sein Volk Israel tun können?

Warum ist Mose nicht Pharao geworden?

Niko: Mag sein, aber Gott hatte einen ganz anderen Plan mit seinem Volk und mit Mose. Er hatte ja den Patriarchen schon versprochen, dass Israel das Land Kanaan besitzen sollte. Mose wählte – so heißt es in Hebräer 11,24 – lieber das Los des Volkes Israel, das Gott erwählt hatte, als allen Reichtum Ägyptens!

Max: Na, ob ich so gewählt hätte? Ich weiß nicht.

Lisa: Ist er dann nicht in die Wüste geflohen?

Wodurch war das Leben Moses gekennzeichnet?

Thronsessel des Pharao Tutanchamun

Das Tal der Könige. Gewaltige in Felsen gehauene Grabstätten der Pharaonen zeigen die beeindruckende Baukunst der Ägypter zur Zeit Moses.

Tom: Ja, es hat mal einer gesagt: „40 Jahre hat Mose gelernt, jemand Bedeutendes zu sein, um anschließend in der Wüste 40 Jahre zu lernen, ein Niemand zu sein. Erst dann habe Gott ihm zeigen können, was er durch einen Niemand tun kann, der sich Gott zur Verfügung stellt!"

Niko: Und dann begegnet Gott ihm in diesem brennenden Dornbusch in der Wüste und gibt sich zu erkennen als der Gott, den er vor 80 Jahren bei

Hezron · **Arni** · **Admin**

um 1480 v.Chr.
Mose flieht in die Wüste

*rechts: **Die möglichen Pharaonen des Auszugs:** von links nach rechts:*
Tutmoses III *(um 1440 v.Chr.)*
Echnaton *(1361-1340 v.Chr.)*
Tutanchamun *(1333-1325 v.Chr.)*
Ramses II *(1290-1224 v.Chr.)*

*links: **Semiten.** Wandgemälde in einem ägyptischen Grab*

Wie begegnete Gott dem Mose?

seinem Vater Amram kennen gelernt hatte. Als Mose Gott nach seinem Namen fragt, sagt Gott ihm, er heiße Jahwe.

יהוה ‎𐤉𐤄𐤅𐤄

oben: **Der Name Gottes JHWH** (Jahwe = Ich bin, der ich bin und ich sein werde. D.h. Ich bin der Ewig-Seiende) *in alter Keilschrift und in hebräischen Buchstaben*

Lisa: Und was heißt das?

Niko: Ich hab' gelesen, dass im Hebräischen alle Wörter nur mit Konsonanten geschrieben werden. Die entsprechenden Selbstlaute muss man sich bei jedem Wort selbst merken. So wird der Name Gottes, der in 2. Mose 2,14 genannt wird, JHWH geschrieben. Ausgesprochen heißt das Jahwe oder Jachwe. Das heißt auf deutsch: „Ich bin, der ich bin". Oder: „Ich werde sein, der ich sein werde." Gott meint damit: „Ich bin immer da! Ich verändere mich nicht! Ich bin ewig Derselbe!"

Was bedeutet der Name JAHWE?

Tom: Dann gab Gott Mose doch den Auftrag, den Pharao aufzufordern, das Volk Israel aus der Sklaverei zu entlassen. Warum schickte Gott denn dann die 10 Plagen?

oben: **Die Vorbereitung zum Passahfest.** Kupferstich von Schnorr von Carolsfeld (1860)

Warum schickte Gott 10 Plagen?

Lisa: Das ist doch klar! Der Pharao weigerte sich hartnäckig. Da musste Gott ihn durch die Plagen zwingen. Er hätte es einfacher haben können, wenn er gehorsam gewesen wäre. Aber ich denke, das ist bei uns ja auch nicht anders. Manche Strafe könnte man sich sparen ...

Was war das Passah?

Max: Und was hat es mit dem Passah auf sich?

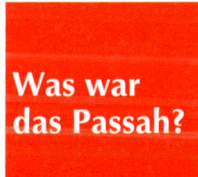

Amminadab

um 1440 v.Chr.   Pharao Tutmoses III
Mose fordert den Auszug Israels aus Ägypten

links: **Die 10 Plagen:** 1. Wasser zu Blut, 2. Frösche, 3. Stechmücken, 4. Hundsfliegen, 5. Pest, 6. Geschwüre, 7. Hagel, 8. Heuschrecken, 9. Finsternis, 10. Tod der Erstgeburt. Lies nach in 2. Mose 7-11. Welche Plagen sind hier links abgebildet?

5 Wie lange war Israel in Ägypten?

In 2. Mose 12,40 wird gesagt, dass Israel sich insgesamt 430 Jahre in Ägypten aufgehalten hat, und in Galater 3,17 heißt es, dass das Gesetz 430 Jahre nach der Bestätigung des Bundes Abrahams seinen Nachkommen gegenüber gegeben wurde.

Welche Bedeutung hat das Passah für uns heute?

Gott gebraucht im Alten Testament viele Begebenheiten, um uns daran seine Gedanken verständlich zu machen. Das Passah ist solch ein Bild: Wir Menschen sind - wie damals Israel - Sklaven. Sklaven des Teufels, oder wie die Bibel sagt, Sklaven der Sünde. Wir stehen ebenso unter dem Gericht Gottes und können uns selbst nicht befreien. Damals musste ein Lamm sterben, damit der Israelit von dem Gericht Gottes verschont wurde. Das Neue Testament sagt, dass der Herr Jesus als das „Lamm Gottes" unser Passah geworden ist, d.h. er starb an unserer Stelle, damit wir frei werden (1. Korinther 5,7).

Lisa: Unmittelbar vor der letzten Gerichtsplage, dem Tod aller Erstgeborenen, gab Gott dem Volk Israel das Passah. Ein Ritual, das sie immer an die Befreiung aus Ägypten erinnern sollte. Jeder Israelit sollte für seine Familie ein Lamm schlachten und das Blut an die Türpfosten seines Hauses streichen. An diesem Kennzeichen sollte der Gerichtsengel die Häuser der Israeliten erkennen und an ihnen „vorübergehen" (*passah*). So blieben sie vor dem Gericht Gottes verschont.

Welche Bedeutung hat das Passah?

Max: Aber warum ordnet Gott eine so unglaubliche Geschichte an?

Niko: Ist euch schon mal aufgefallen, dass der Tag, an dem der Herr Jesus gekreuzigt wurde genau parallel zu dem Passahfest der Juden geschah? Das ist doch nicht von ungefähr. Damit macht Gott uns klar, dass das Sterben des Herrn Jesus verglichen werden kann mit dem stellvertretend sterbenden Passahlamm. Auch er starb an unserer Stelle als „Lamm Gottes".

Wie geschah der Durchzug durch das Rote Meer?

Tom: Das ist super! Doch Gott hat das Volk nicht nur aus der Sklaverei befreit und vor dem Gericht Gottes gerettet, er hat es auch losgelöst von seiner Vergangenheit. Deshalb führt er es durch das Rote Meer auf ganz spektakuläre Weise, damit ihm bewusst wird: Es gibt keinen Weg zurück nach Ägypten!

Niko: Ja, mit dem Wunder des Durchzugs durch das Rote Meer will Gott auch uns zeigen, dass er uns wirklich frei machen will von der Sünde, dem Teufel und unserer Vergangenheit. Wie das Volk Israel dürfen wir ungehindert nach vorne gehen.

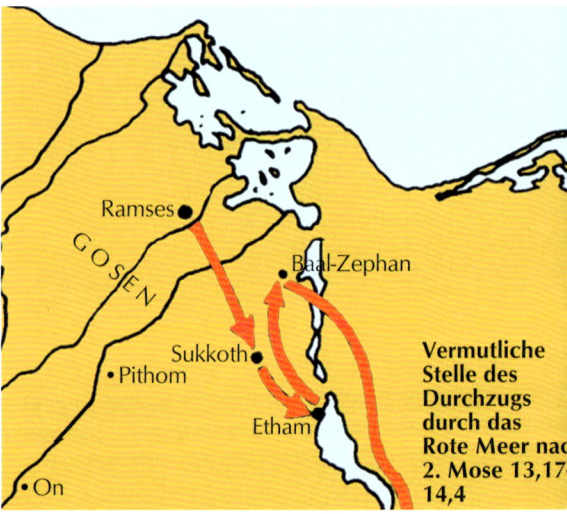

Ramses • GOSEN • Baal-Zephan • Sukkoth • Pithom • Etham • On

Vermutliche Stelle des Durchzugs durch das Rote Meer nach 2. Mose 13,17; 14,4

um 1440 v.Chr.   Pharao Tutmoses III Auszug der Kinder Israel aus Ägypten

links: Pharao Ramses II auf seinem Streitwagen

links: Bei dem Auszug aus Ägypten nahmen die Israeliten auch den Sarkophag Josephs mit, um ihn im Land Kanaan beizusetzen. Hier ein Sarkophag des Pharaos Tutanchamun

Gott führt sein Volk.
Warum Gesetze und Gebote?

In der Bibel findest du zu diesem Thema viele Aussagen, zum Beispiel in folgenden Bibelstellen:
2. Mose 14-40

Warum gab Gott seinem Volk das Gesetz?

Nach Gottes Wunsch sollte das Volk „fleißig auf die Stimme Gottes hören". Es sollte also mit Gott leben. Aber Israel schätzte sich und die Heiligkeit Gottes falsch ein. So gab Gott ihnen die 10 Gebote als Maßgabe seiner Herrlichkeit und Gerechtigkeit. Sie hätten sehr bald erkennen müssen, dass der Mensch aus eigener Kraft die Gebote nicht halten kann.

Puh, stell dir vor, du würdest die nächsten Jahre in der Wüste leben müssen. Das stell ich mir total schwierig vor. Tagsüber die Hitze, nachts die Kälte. Keinen Kühlschrank für das Essen, keine Klimaanlage ...

Tom: Doch, doch. Eine Klimaanlage hatte das Volk Israel bei seiner Wüstenreise schon dabei!

Was war die Wolken- und Feuersäule?

Lisa: Wieso das?

Tom: Nun, ist doch klar: Die Wolkensäule. Gott hatte ihnen versprochen, dass er mitgehen würde, so dass sie Tag und Nacht ziehen könnten. So hat er als Zeichen seiner Gegenwart diese

um 1440 - 1400 v.Chr.   40 Jahre Wüstenwanderung

links:
Sonnenuntergang über dem Sinaigebirge

Damals wie heute strengen sich Menschen an - und schaffen es doch nicht!
(Vgl. die Aussagen in Römer 3.)

5 Kann man sich den Himmel verdienen, wenn man die Gebote hält?

Viele Menschen meinen das. Wenn sie merken, dass sie die Gebote nicht alle halten können, denken sie, Gott würde wahrscheinlich ein Auge zudrücken, weil es doch andere Menschen gibt, die viel gottloser sind als sie. Doch die Bibel macht klar: Gott ist heilig und muss jeden Menschen richten, der auch nur ein Gebot übertreten hat. Er hat die Gebote gegeben, damit du erkennst, dass du vor Gott nicht bestehen kannst. Deshalb hat er seinen Sohn, den Herrn Jesus, deine Schuld und Sünde tragen lassen. Er ist wegen deiner Sünde gestorben. Nun gibt er dir die Möglichkeit, durch den Glauben an den Herrn Jesus Vergebung aller deiner Sünden zu bekommen. Das ist Gnade. Sie ist viel größer als die Gebote.

Wolken- und Feuersäule gegeben. Am Tag war sie als Wolke ein Schattenspender vor der Sonnenhitze und nachts als Feuersäule spendete sie Licht und Wärme. Sie war sozusagen eine mobile Klimaanlage.

Wie versorgte Gott das Volk in der Wüste?

Max: Aber keinen Kühlschrank! Wenn sie eines der Tiere schlachteten, konnten sie das doch gar nicht tieffrieren und verwahren.

Lisa: Stattdessen hat Gott sie stets frisch versorgt. Er schickte ihnen Wachteln. Das sind

Wasser aus dem Felsen 2. Mose 17

Vögel, die essbar sind. Und Brot gab's, ausreichend für jeden: Das Manna gab Gott jeden Tag aus dem Himmel, bevor die Sonne aufging. Die Tagesration für jeden Israelien war ein Gomer (ca. 2,2 Liter).

Max: Das heißt: Jeder Israelit musste früh aufstehen, wenn er satt werden wollte ...

Was sollten wir auch jeden Morgen tun?

Niko: Das ist auch heute noch das Beste: Frühmorgens, bevor man frühstückt, sollte man das „geistliche Frühstück"

Wadi (trockenes Bachbett) im Sinaigebirge

„Wenn wir unsere Sünden bekennen, dann ist Gott treu und gerecht, dass er uns die Sünden vergibt." 1. Johannes 1,9

40 Jahre Wüstenwanderung
Stationen in der Wüste: Durchzug durch das Rote Meer, Mara, Elim, Refidim, Horeb (Gese

42

zu sich nehmen: Das Wort Gottes, das die Bibel „unsere Speise" nennt. Und auch der Herr Jesus nennt sich das „Brot des Lebens", das aus dem Himmel gekommen ist.

Womit wird das Manna verglichen?

Tom: Obwohl die Israeliten ein so großes Volk waren, hat Gott sie doch mit allem versorgt, was sie zum Leben brauchten. Am Ende der Wüstenwanderung mussten sie feststellen, dass sie nie Mangel hatten, dass sogar die Kleider und die Schuhe nicht abgenutzt waren! Wenn das keine Rundum-Versorgung ist!

Niko: Drei Monate nach ihrem Auszug aus Ägypten schlugen sie ihr Lager am Berg Sinai auf und blieben dort ein ganzes Jahr. Gott rief Mose auf den Gipfel des Berges und gab ihm

Wo gab Gott Mose die „Zehn Gebote"?

die „Zehn Gebote". Sie sollten die Grundlage dafür sein, dass Gott in ihrer Mitte wohnen könnte. Aber noch bevor Mose die beiden steinernen Tafeln, die *„mit dem Finger Gottes beschrieben waren"* (2. Mose 31,18 und 32,45), dem Volk überbringen konnte, hatten sie schon das zweite Gebot übertreten: Sie hatten sich ein aus Gold gegossenes Kalb als

oben: **Mose zerschmettert die Tafeln des Gesetzes.** *Gemälde von Rembrandt van Rijn.*

Götzenbild gemacht, um etwas Sichtbares zum Anbeten zu haben. In Trauer und Zorn zerbricht Mose die Gesetzestafeln: Der Bund zwischen Gott und seinem Volk Israel war gebrochen.

Lisa: Wie furchtbar muss das für Gott gewesen sein. Er hatte alles vorbereitet, aber das Volk hatte versagt. Ob er über uns auch so traurig ist, wenn wir ihm so oft nicht gehorchen ...?

Der Weg durch die Wüste
Foto: © NASA

DAS GROSSE MEER

WÜSTE ZIN
Kadesch-Barnea
WÜSTE SUR
WÜSTE ETHAN
Mara
Elim
ROTES MEER
Wüste Sin
Hazerot
Refidim
Horeb-Gebirge
Jericho
EDOM
Punon
MIDIAN
Ezjon-Geber

5

...bung, Bau der Stiftshütte), Hazerot, Esjon-Geber, Kadesch-Barnea (Kundschafter) ... Edom, Moab, Basan, Jordan

Wachtel-Vogelschwärme, die sich im Lager niederließen, dienten den Israeliten zur Nahrung.

Der sog. Mosesberg, Ort der Gesetzgebung

Stationen der Wüstenwanderung: v.l.n.r.:
Die Kundschafter (4. Mose 13-15),
Die eherne Schlange (4. Mose 21),
Bileam begegnet dem Engel (4. Mose 22-24).
Illustrationen: Schnorr v. Carolsfeld (1860)

In der Bibel findest du zu diesem Thema viele Aussagen, zum Beispiel in folgenden Bibelstellen:
2. Mose 24-40;
Hebräer 4,14 - 10,25;

Warum hat Gott die Dinge der Stiftshütte bis in die Einzelheiten festgelegt?

Viele Begebenheiten und Anordnungen im Alten Testament hat Gott aufschreiben lassen, weil sie im Neuen Testament als Beispiele gebraucht werden, um uns geistliche Dinge anschaulich zu illustrieren und Sachverhalte zu erklären. Gerade die Gegenstände der Stiftshütte, die Anordnungen des Priesterdienstes und der Opfer werden z.B. im Hebräerbrief erklärt.

Ein Leben mit Gott - Stiftshütte, Priester, Opfer

Jetzt kommt eins meiner Lieblingskapitel: Die Stiftshütte. Ich hab mal ein Modell davon gesehen, da konnte man sich das alles total gut vorstellen.

Was war eigentlich die Stiftshütte?

Max: Moment, Moment! Jetzt erklär mir erst einmal, was das überhaupt ist: die Stiftshütte?

Niko: Gott hatte ja den Israeliten versprochen, dass er in ihrer Mitte wohnen wollte. Als einen symbolischen Aufenthaltsort sollten sie ihm deshalb eine Wohnung bauen. Dazu gab er dem Mose ganz genaue Vorschriften. Er sagte ihm, welche Materialien er verwenden solle, er ordnete die genauen Maße an, ja, selbst die Kleidung der Priester und wer von den Israeliten welches Teil der Wohnung transportieren sollte, legte Gott fest. Das können wir alles in 2. Mose 25-40 genau nachlesen.

rechts: Der Hohepriester in seiner Amtskleidung

Tom: Dieses Heiligtum Gottes in der Wüste wurde „Stiftshütte" genannt. Sie war sozusagen ein mobiler Tempel. Man konnte sie in einzelne Teile zerlegen, transportieren und am nächsten Lagerplatz wieder aufbauen. Praktisch, nicht wahr?!

Lisa: Ja, sie bestand aus einem großen Hof, der mit einem Vorhang umzäunt war. In diesem Hof stand ein großer Altar, ein Waschbecken, Schlachtbänke für die zu opfernden Tiere und eine längliche Hütte, die aus zwei Räumen bestand: dem Heiligtum und dem Allerheiligsten. Alles war aus vergoldeten Brettern hergestellt und darüber waren verschiedene kostbare Decken gespannt.

Was war die Bundeslade?

Max: Das ist aber geheimnisvoll! Und was war in dieser Stiftshütte drin?

um 1440 - 1400 v.Chr. 40 Jahre Wüstenwanderung Bau der Stiftshütte

rechts: Die Geräte der Stiftshütte (Modell) v.l.n.r.: Der Brandopferaltar, das Waschbecken, der goldene Leuchter, der Räucheraltar, der Schaubrottisch, die Bundeslade

Modell der Stiftshütte im Maßstab 1:65
© Herbert Kopelke

Priester und Hoherpriester im Heiligtum. Modell der Stiftshütte im Maßstab 1:10
© Herbert Kopelke

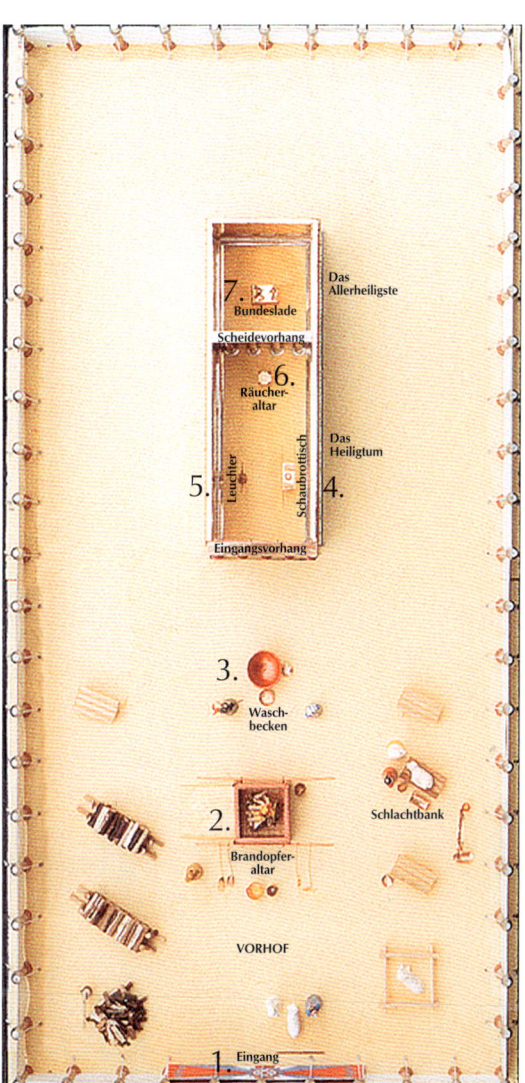

7. Bundeslade
Das Allerheiligste
Scheidevorhang
6. Räucheraltar
Das Heiligtum
5. Leuchter
Schaubrottisch
4.
Eingangsvorhang

3. Waschbecken

2. Brandopferaltar
Schlachtbank

VORHOF

1. Eingang

Alles weist auf den Herrn Jesus hin:

1. Das **Tor** zum Vorhof: Jesus ist die Tür, der Weg zu Gott (Joh 10,9; 14,6).
2. Der **Brandopferaltar**: Jesus ist das Opferlamm, das für unsere Schuld stirbt (Hebr 9,14; Joh 1,29).
3. Das **Waschbecken**: Jesus wäscht uns rein durch sein Wort, damit wir in Gottes Gegenwart kommen können (1Petr 2,9; Joh 13,3).
4. Der **Schaubrottisch**: Jesus ist das Brot des Lebens (Joh 8,12).
5. Der **Leuchter**: Jesus ist das Licht der Welt (Joh 8,12; 1,4).
6. Der **Räucheraltar**: Ein Bild der Anbetung (Joh 4,24; Hebr 13,15).
7. Die **Bundeslade** bzw. der Deckel der Bundeslade zeigt, dass Jesus das Gesetz zugedeckt hat (Röm 3,23-26).

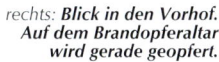

rechts: Blick in den Vorhof. Auf dem Brandopferaltar wird gerade geopfert.

5 Gott ist heilig und kann deshalb keine Gemeinschaft mit uns sündigen Menschen haben. Im Alten Testament gab es nur die Möglichkeit, durch ein Opfer und einen Vermittler, den Priester, Gott zu nahen. Eine böse Tat musste gesühnt werden. Ein Tier musste an der Stelle des Menschen sterben und das Blut vor Gott gebracht werden.

Der Herr Jesus ist als „Lamm Gottes" an deiner Stelle für deine Sünden gestorben und hat sein vergossenes Blut vor Gott gebracht. Er ist also gleichzeitig der Vermittler, der Priester. Deshalb kannst du, wenn du ihm deine Sünden im Gebet bringst, ihm danken, dass er den Weg zu Gott ein für alle Mal frei gemacht hat. Du darfst jetzt jederzeit im Gebet zu Gott kommen!

Lisa: In dem Heiligtum stand ein Leuchter, der aus purem Gold war, ein Tisch, auf den Woche für Woche zwölf Brotlaibe gelegt wurden und ein kleinerer Räucheraltar. Im Allerheiligsten stand die Bundeslade, ein rundum vergoldeter Kasten mit einem goldenen Deckel, auf dem zwei Engelgestalten aus reinem Gold waren.

Was war in der Bundeslade?

Tom: Na, Lisa, du scheinst dich ja wirklich damit beschäftigt zu haben. Was war denn in diesem Kasten, der Bundeslade, drin?

Lisa: Gott hatte dem Mose gesagt, dass er da die beiden Gesetzestafeln mit den zehn Geboten hineinlegen sollte. Außerdem sollten später ein Krug mit Manna und der Stab von Aaron dort Platz haben.

Niko: Ja, im Römerbrief, Kapitel 3 erklärt Paulus die Bedeutung davon: Dieser Deckel der Bundeslade deckte die Forderung Gottes, das Gesetz, zu. Gott hätte sonst alle Menschen sofort töten müssen, da keiner alle Gebote halten konnte. Er setzt sich sozusagen wie auf einen Thron darauf. Diesen Vergleich macht Paulus in Bezug auf den Herrn Jesus. Er ist wie dieser Deckel der Bundeslade: Er deckt die Forderung Gottes zu, da er als Einziger alle Gebote erfüllt hat. Er ist der Garant dafür, dass wir nicht sterben brauchen, sondern wieder mit Gott Gemeinschaft haben dürfen. Damals durfte nur der Hohepriester einmal im Jahr dort in die Gegenwart Gottes, um mit dem Blut eines Opfertieres für die Sünden seines Volkes Sühnung zu tun, das heißt, um Vergebung zu bitten.

Lisa: Und wir heute dürfen – weil der Herr Jesus unsere Sünden getragen hat – **immer** zu Gott kommen. Wir brauchen keinen Priester und kein Opfer mehr. Die Bibel sagt, dass der Herr Jesus unser Hoherpriester ist und auch gleichzeitig das Lamm Gottes geworden ist, das für uns starb.

Max: Das find ich echt super!

Wie wird die Bundeslade im Neuen Tesament erklärt?

rechts: **Israeliten bringen ein Schaf als Opfer zum Priester.** *(Modell)*

Nachschon

46

Endlich zu Hause!
Einzug ins versprochene Land

Stimmt es, dass das Volk Israel insgesamt 40 Jahre in der Wüste gelebt hat? Das ist krass! Stellt euch mal vor: immer nur Sand, Sand, Sand. Was müssen die sich auf das versprochene Land gefreut haben!

Lisa: Dabei hätten sie schon viel früher ins Land einziehen können, wenn sie Gott nur vertraut und Josua und Kaleb geglaubt hätten und nicht den übrigen 10 Kundschaftern, die ihnen Angst vor den Bewohnern des Landes gemacht hatten. So aber mussten sie so lange in der Wüste bleiben, bis alle gestorben waren, die nicht geglaubt hatten.

Wer teilte das Land Kanaan in die 12 Stämme auf?

Niko: Josua, der Diener und Nachfolger Moses, führt sie dann nach dem Tod Moses in das versprochene Land. Sie erobern den Großteil des Landes und Josua teilt es unter die 12 Stämme auf.

Solange Josua und die Ältesten lebten, diente das Volk seinem Gott. Bekannt geworden ist besonders der Ausspruch Josuas: *„Ich aber und mein Haus, wir wollen dem Herrn dienen"* (Josua 24,15).

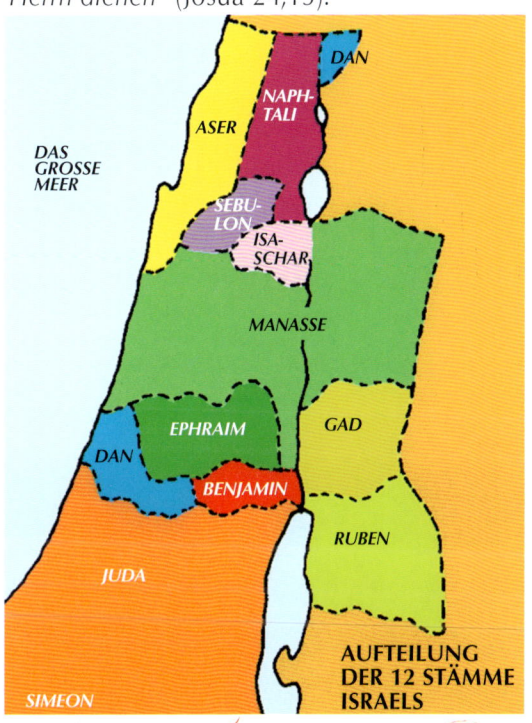

AUFTEILUNG DER 12 STÄMME ISRAELS

In der Bibel findest du zu diesem Thema viele Aussagen, zum Beispiel in folgenden Bibelstellen:
Josua 1-24

Was war das Wunder von Jericho?

Die erste Stadt, die in Kanaan durch die Israeliten erobert wurde, war Jericho. Gott ließ ein großes Wunder geschehen: An sieben Tagen hintereinander sollten die Israeliten die Stadt schweigend umziehen. Am siebten Tag sollten sie dies sieben Mal tun. Beim letzten Mal stießen sie in die Posaunen und die Stadtmauern fielen in sich zusammen!

Salmon   Boas

um 1400 v.Chr.   **Eroberung Jerichos unter Josua**

(v.l.n.r.) *Der Fall Jerichos*
Gemälde von Raffaelo
Der Fall Jerichos
Julius Schnorr v. Carolsfeld
Rahab rettet die Kundschafter
Julius Schnorr v. Carolsfeld

Wenn jeder tut, was er will – die Zeit der Richter

5

In der Bibel findest du zu diesem Thema viele Aussagen, zum Beispiel in folgenden Bibelstellen:
Richter 1-21;
Rut 1-4;
1. Samuel 1-7

Was hatte Gott dem Josua versprochen?

„Jeder Ort, auf den eure Fußsohle treten wird - euch habe ich ihn gegeben" (Josua 1,3).

Das Buch der Richter ist eigentlich ein trauriges Buch. Das Volk, das so viele Wunder Gottes erlebt hatte, kümmert sich immer weniger um Gottes Anordnungen und lässt sich durch den Götzendienst der anderen Völker verführen. Nachdem Josua gestorben war, lebte jeder, wie er wollte.

Was geschah nach dem Tod Josuas?

Niko: In Richter 2,10 steht die Erklärung dazu: *„Und eine andere Generation kam nach ihnen auf, die den Herrn nicht kannte."* Und der letzte Vers in diesem Buch fasst den Zustand des Volkes zusammen: *„In jenen Tagen war kein König in Israel. Jeder tat, was recht war in seinen Augen"* (Richter 21,25).

Lisa: Aber Gott hatte ihnen doch versprochen: *„Jeder Ort, auf den eure Fußsohle treten wird - euch habe ich ihn gegeben"* (Josua 1,3). Haben sie das nicht getan?

Max: Nein, soviel ich weiß, haben sie nicht alles erobert, sondern die Kanaaniter, die Philister, die Jebusiter, die Amoriter, die

Boas (Rut)

um 1400 - 1100 v.Chr die Zeit der Richter in Israel
Die Richter: Otniel - Ehud - Schamgar - Barak und Deborah - Gideon -

Rut, eine junge verwitwete Moabiterin, kehrt mit ihrer Schwiegermutter Noomi nach Bethlehem zurück. Dort trifft sie auf dem Feld Boas, den Sohn des Salmon, der das Erbe ihres verstorbenen Mannes auslöst und

sie heiratet. Damit wird Rut zur Stammmutter von David und kommt in die königliche Ahnenfolge, die bis zu dem Herrn Jesus führt (vgl. Matthäus 1,5-6).
Illustrationen: Julius Schnorr von Carolsfeld (1860)

Was geschah mit den einheimischen Volksgruppen des Landes?

Perisiter und Hewiter zum Teil bei sich wohnen lassen und sich mit ihnen arrangiert. Dadurch kam dann auch der Einfluss des Götzendienstes dieser Völker in die nächste Generation Israels.

Lisa: Deshalb setzte ein zunehmender Abfall von Gott ein und Gott gab sie zur Strafe *„in die Hand ihrer Feinde"* (Richter 2,14; 6,1; 10,7). Und doch berief Gott in diesen schwierigen Zeiten immer wieder Männer aus ihrer Mitte, die sie auf Gott hinwiesen und nach dem Gesetz Gottes Recht sprachen. Diese Männer wurden Richter genannt.

Tom: Manche dieser Richter sind durch ihre mächtigen Taten sehr bekannt geworden, z.B. Gideon: Er besiegte mit nur 300 Mann das große

Heer der Midianiter und Amalekiter! Oder Jeftah, ein verachteter Mann aus Gilead, besiegte die Ammoniter.

Wer waren Gideon, Jeftah und Simson?

Max: Und dann die Geschichten von Simson. Der war superstark! Und obwohl er manches getan hat, was nicht korrekt war, hat Gott doch durch ihn die Philister besiegt.

Tom: Und doch sind die Israeliten nicht zu Gott zurückgekehrt! Obwohl Gott ihnen immer wieder eine Chance gegeben hat!

Lisa: Übrigens hat zu dieser Zeit auch Rut gelebt, die ja eigentlich nicht zum Volk Israel gehörte, aber in die Ahnengalerie des Herrn Jesus gekommen ist (vgl. Matthäus 1,5-6).

Von welchen Richtern berichtet die Bibel?

Otniel, ein jüngerer Bruder Kalebs (3,7-11);
Ehud, ein Linkshänder (3,12-30);
Schamgar (3,31);
Barak und Deborah (4-5);
Gideon kämpfte gegen die Mideaniter (6-8);
Tola, aus Issaschar (10,1-2);
Jair (10,3-5);
Jeftah (11-12);
Ibzan, Elon, Abdon (12,8-15);
Simson kämpfte gegen die Philister (13-16);
Samuel (1Sam 1-8)

links: Szenen aus dem Leben des Richters Simson: Simson tötet einen Löwen. Simsons Frau Delila verrät das Geheimnis seiner Kraft. Simsons Rache und Tod. Zeichnungen: Julius Schnorr von Carolsfeld (1860)

unten: Der Kriegsgott Baal

Isai

- Jair - Jeftah - Ibzan - Elon - Abdon - Simson - Samuel

Gideon sammelt die Israeliten zu der entscheidenden Schlacht gegen die Midianiter. Gott lässt ihn eine Auswahl treffen: Er soll nur Männer mitnehmen, die bei einem Test „wie ein Hund" Wasser trinken. Das waren nur insgesamt 300

Mann. Mit ihnen besiegt er das Herr der Midianiter und Amalekiter. Illustration links: J. James Tissot (1836-1902), rechts: Julius Schnorr von Carolsfeld (1860)

49

Aufstieg und Niedergang eines Volkes

In der Bibel findest du zu diesem Thema viele Aussagen, zum Beispiel in folgenden Bibelstellen:
1. Samuel 8,4-22;
1. Samuel 13,14;
1. und 2. Samuel;
1. Könige;
1. Chronik

Was war der Glaube Davids?

David vertraute seinem Gott geradezu kindlich. Er traute Gott alles zu und verließ sich auf ihn. Dieser Glaube gefällt Gott (1. Samuel 13,14). Auch wir dürfen ihm so vertrauen. Er meint es gut mit uns.

Der letzte der Richter in Israel war Samuel, ein Mann, der sein Volk über viele Jahre geführt hat. Doch während seiner Zeit wurde das Volk die Richterherrschaft leid und verlangte einen König. Die Israeliten wollten die gleiche Regierungsform haben wie ihre Nachbarvölker. Nachdem Gott ihnen durch Samuel die ernsten Folgen, die der Wechsel von der Gottes- zur Königsherrschaft mit sich bringen würde, vorgestellt hatte, gewährte er ihnen ihre Bitte (1. Samuel 8,4-22).

Warum wollte das Volk Israel einen König?

Warum hat Gott Saul verworfen?

Tom: Zum ersten König über Israel wurde dann ja Saul bestimmt. Er kam aus dem Stamm Benjamin.

Max: Warum wurde Saul eigentlich von Gott verworfen, er hat doch, wenn ich mich recht erinnere, etwa 40 Jahre über Israel regiert?

Niko: Nun, Saul war zwar voller Tatendrang, aber er war sehr eigenwillig und fragte nicht nach Gottes Willen. Es ist tragisch, wie er gestorben ist.

Tom: Da gefällt mir David, der Nachfolger Sauls, sehr viel besser. Er ist so menschlich, aber bei allem sehr gottesfürchtig. Deshalb nennt Gott ihn auch *„einen Mann nach meinem Herzen, der meinen ganzen Willen tun wird"* (1. Samuel 13,14).

Max: Das ist eine spannende Geschichte, wie er als junger Mann den Riesen Goliath besiegt hat und damit Israel vor den Philistern rettete.

Warum war David ein Mann, der Gott gefiel?

David besiegt Goliat.
Gemälde von J. James Tissot (1836-1902)

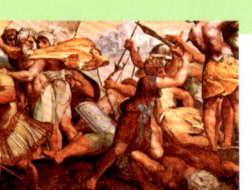

David erschlägt Goliat.
Hier ein Gemälde, wie sich der italienische Maler Raffaelo die Begebenheit vorstellte.

David
Statue von Michelangelo

Obed — Isai — David

um 1080 v.Chr.
König Saul

um 1040 v.Chr
Ausdehnung des Reicl

Lisa: Mich beeindruckt an David, dass er bei all seiner Macht und seinem Reichtum, doch ehrlich, dankbar und von Gott abhängig bleibt. Seine Psalmen lese ich sehr gern, weil man darin etwas von seiner Beziehung zu Gott spürt.

Max: Am liebsten hätte ich aber unter der Regierung von Salomo, dem Sohn Davids, gelebt. Da ging es Israel am besten. Da herrschte Frieden und allen ging es gut ...

Lisa: Ja, ich wäre gerne dabei gewesen, als die Königin von Saba ihn besuchte. Die kam ja aus dem Staunen nicht heraus, als sie die Pracht, den Reichtum, die Macht und die Weisheit Salomos erlebte.

Niko: Salomos Herrschaft wird das „goldene Zeitalter" Israels genannt. Das Volk erreichte den

Wer baute den ersten Tempel in Jerusalem?

Höhepunkt seiner nationalen Größe. Salomos erstes und größtes Werk war der Bau des Tempels in Jerusalem, den sein Vater David bereits geplant hatte. Er muss imposant ausgesehen haben. Mit einem großen Fest wurde er von Salomo eingeweiht. Und Gott zeigte, dass er diesen Tempel als Nachfolger der bis dahin verwendeten Stiftshütte akzeptierte, indem die Wolke, die die Gegenwart Gottes symbolisierte, die so genannte *Schechina*, den Tempel ausfüllte.

Welchen Fehler hat Salomo gemacht?

Lisa: Hätte Salomo doch am Ende seines Lebens nicht durch seine fremdländischen Frauen mit dem Götzendienst angefangen, er könnte das Ideal aller Herrscher sein ...

*links: **Der salomonische Tempel in Jerusalem***
1. Könige 5-8

5

Weißt du, wie viele Sprüche Salomo dichtete?

Er verfasste insgesamt 3000 Sprüche und 1005 Lieder (1. Könige 5,12).

Von König David sind viele Psalmen gedichtet. Sie lassen uns in seine Empfindungen und Gefühle hineinschauen und vermitteln uns einen Eindruck von seiner Beziehung zu Gott.

Salomo

um 1000 v.Chr.
Bau des Tempels in Jerusalem

ael

*oben und links: **So ähnlich wie die ägyptische Königin Hatschepsut kann man sich die Königin von Saba, die Salomo besuchte, vorstellen.** Wandrelief aus dem Tempel Hatschepsut, Ägypten (1. Könige 10).*

*rechts: **Salomo als weiser König Israels** Mittelalterlicher Wandteppich von Ingobertus*

Wenn Brüder streiten - das geteilte Reich

In der Bibel findest du zu diesem Thema viele Aussagen, zum Beispiel in folgenden Bibelstellen:
1. Könige;
1. Chronik

Welche Stämme bildeten das Nordreich Israel?

Unter Jerobeam bildete sich das Nordreich aus zehn der zwölf Stämme mit der Hauptstadt Samaria. Jerobeam baute sogar dort ein Heiligtum, damit die Bewohner des Nordreiches nicht nach Jerusalem zum Tempel gehen sollten.

Als Rehabeam, der Sohn Salomos, zum König gekrönt wurde, bat das Volk um Erleichterung der steuerlichen Abgaben. Rehabeam aber antwortete mit der Anordnung höherer Steuern. Daraufhin verweigerten zehn Stämme ihm die Gefolgschaft und machten Jerobeam vom Stamm Ephraim zum König über sich.

Warum zerbrach das Reich Israel?

Die zwei Stämme Juda und Benjamin blieben unter der Regierung Rehabeams, der das Südreich Juda führte. Die Leviten schlossen sich diesen zwei Stämmen an, weil sie ja ihren Dienst im Tempel in Jerusalem taten.

Max: So bestanden jetzt zwei Königreiche nebeneinander, die in den ersten Jahren heftige Kriege gegeneinander führten. Eigentlich waren sie doch ein einziges Volk. Wie schrecklich ist das, wenn sich Geschwister streiten und nicht mehr zueinander finden.

DAS GROSSE MEER

Das Nordreich ISRAEL

Samaria

Jerusalem

Das Südreich JUDA

DAS GETEILTE REICH UNTER REHABEAM UND JEROBEAM

Propheten im Südreich Juda:	Schemaja	Iddo	Asarja	Hanani	Jehu	Jachasiel	Elieser	S
Die Könige im Südreich Juda: Rehabeam	Abijam Asa				Joschafat		Joram	Ahasja Atalja J

um 950 v.Chr.

Die Könige im Nordreich Israel: Jerobeam	Nadab	Baesa	Ela	Simri	Omri	Ahab	Ahasja	Joram	Jehu
Propheten im Nordreich Israel: Der Mann Gottes aus Juda	Achija					Elia	Micha	Elisa	

Einer der bekanntesten Propheten war Elia. Er lebte zur Zeit des Königs Ahab und stellte das Volk in die Entscheidung: Gott oder dem Götzen Baal zu dienen. Hier seine Himmelfahrt.
Illustration: Julius Schnorr von Carolsfeld (1860)

König Jehu von Israel verneigt sich vor dem assyrischen Herrscher Assurpanipal. *Nach einem assyrischen Relief*

Lisa: Ja, das geht nur, wenn man sich gegenseitig vergibt und sich miteinander aussöhnt. Es ist klar, dass unter den ganzen Streitigkeiten die beiden Königreiche nach und nach immer schwächer wurden, sie zerrieben sich ja gegenseitig.

Tom: Dazu kam noch, dass alle Könige des Nordreichs nicht nach Gott fragten, sondern Götzendienst betrieben. Beim Südreich gab es dagegen ab und an eine Reform und eine Rückbesinnung auf das Gesetz, das Gott ihnen gegeben hatte.

Wie lange bestand das Nordreich Israel?

Max: Wie lang bestand eigentlich das Nordreich Israel noch?

Niko: Nun, insgesamt etwa 250 Jahre. Dann wurde es von den Assyrern erobert. Dieses Volk im Norden von Israel war immer stärker geworden. Mehrere Kriegszüge fanden gegen Israel statt. Die Belagerung und der Fall der Hauptstadt Samaria bedeutete das Ende der zehn Stämme. Der Großteil der Bevölkerung wurde von den Assyrern in verschiedenen Gebieten des assyrischen Reiches angesiedelt. An ihrer Stelle siedelten die Assyrer andere Volksgruppen in Israel an.

Tom: Dabei hatte Gott so oft durch die Propheten das Volk Israel zur Umkehr aufgerufen. Aber sie haben nicht Buße getan.

Max: Am bekanntesten ist wohl der Prophet Elia, der zur Zeit des gottlosen Königs Ahab lebte. Er hat am Berg Karmel das Volk zur Entscheidung für Gott aufgerufen. Sie erkannten zwar, dass Gott Feuer vom Himmel schickte, aber sie sind doch nicht in ihren Herzen umgekehrt. Manchmal hab ich den Eindruck, dass die heutigen Menschen nicht anders sind ...

Kolossalstatue Sargons II von Assyrien um 710 v.Chr.

Welche Propheten sind am bekanntesten?

Gab es gottesfürchtige Könige in Israel?

Leider nein. Von allen Königen des Nordreichs wird gesagt, dass sie dem Götzendienst nachgingen, obwohl Gott immer wieder Propheten schickte, um sie zur Umkehr zu bewegen. Unten ein Gemälde eines unbekannten Malers. Es zeigt den Propheten Elia, als er sich am Bach Krit vor Ahab verstecken musste und von Gott durch Raben versorgt wurde.

5

Joel — Sekarja — Jesaja — Micha — Nahum
Amasja — Ussija — Jotam — Ahas — Hiskia

um 750 v.Chr.

Joahas — Joas — Jerobeam II — Sekarja — Sallum — Menachem — Pekachja — Pekach — Hosea
Jona — Hosea — Amos — Oded — Wegführung Israels nach Assyrien

Stadtmauer von Ninive, der Hauptstadt Assyriens

Frau am Fenster Diese Elfenbeinschnitzerei aus dem Palast in Samaria erinnert an die Begebenheit der gottlosen Königin Atalja in 2. Könige 11.

In babylonischer Gefangenschaft

In der Bibel findest du zu diesem Thema viele Aussagen, zum Beispiel in folgenden Bibelstellen:
2. Könige 23-25;
2. Chronik 36;
Jeremia 39;
Daniel 1-12;
Hesekiel

Der Prophet Jeremia. Gemälde von Rembrandt van Rijn

Und was passierte dann mit dem Südreich Juda? Haben die auf Gott gehört?

Niko: Das Königreich Juda bestand nach dem Fall des Nordreiches noch 135 Jahre. Die Könige, die hier regierten, standen alle in der direkten Abstammung von David. Aber viele von ihnen kümmerten sich ebenso wenig

Wie lange hat das Südreich Juda bestanden?

um Gott und das Gesetz, das er seinem Volk durch Mose gegeben hatte, wie die Könige von Israel.

Tom: Aber es gab doch auch einige gottesfürchtige Könige, oder?

Niko: Ja. Zum Beispiel der junge König Joasch, der bereits mit sieben Jahren König wurde.

Max: Die Geschichte hab ich gelesen. Die ist total spannend. Die grausame Königin Atalja hatte alle Königssöhne umgebracht, um selbst die Macht zu haben. Aber der kleine Joasch wurde sechs Jahre versteckt, bis der Hohepriester Jojada ihn zum König ausrief.

Welche Reformen gab es in Juda?

Niko: Oder Hiskia. Von ihm steht die Geschichte in 2. Könige 18-20 (2. Chronik 29; Jesaja 37).

Lisa: Bei dem ging doch die Sonnenuhr einmal zehn Striche rückwärts! Wahnsinn!

Tom: Am liebsten hab ich die

Modell der Stadt Jerusalem zur Zeit Josias Foto: Internet

Propheten im Südreich Juda: Nahum — Habakuk

Die Könige im Südreich Juda: Hiskia — Manasse
um 750 v.Chr.

links: **Nachbildung des berühmten Ischtartores in Babel**

Nahum — Habakuk — Jeremia — Zephanja — Hesekiel — Obadja

Die Propheten Zeichnungen: J. James Tissot (1832-1902)

Geschichte von Josia. Der hat von Gott das größte Lob bekommen, das je ein König von Israel bekommen hat: „*Vor Josia gab es keinen König wie ihn, der zu dem Herrn umgekehrt wäre mit seinem ganzen Herzen und mit seiner ganzen Seele und mit seiner ganzen Kraft nach dem ganzen Gesetz des Mose. Und auch nach ihm ist seinesgleichen nicht aufgestanden*" (2. Könige 23,25).

Lisa: Im Jungscharalter wurde er bereits König, als Teeny hat er alles nachgelesen über David, um von ihm zu lernen, und als junger Mann hat er eine große Reform in seinem Land durchgeführt und den Tempel restauriert. Alle Achtung! Von dem kann man lernen!

Niko: Und doch war das Ende von dem Südreich Juda so, dass Gott sagen musste: „*Auch Juda tat, was übel war in den Augen Gottes*"

Relief am Palast in Persepolis

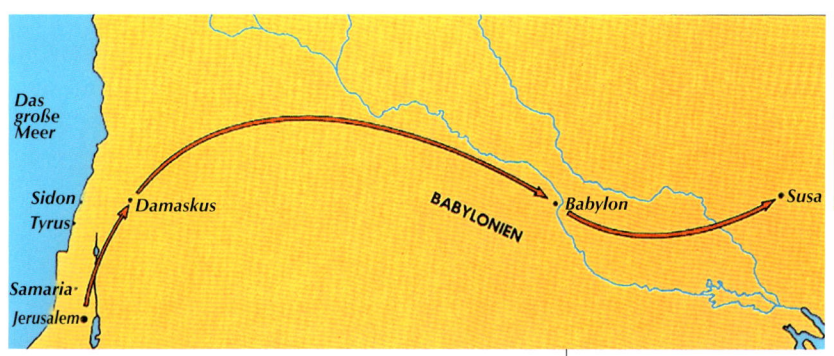

5

Der Weg Judas in die babylonische Gefangenschaft
unten: Standbild Nebukadnezars

Wer führte das Volk in die Gefangenschaft?

(2. Chronik 24,19). So kam das Ende mit der Zerstörung Jerusalems und des Tempels durch den babylonischen König Nebukadnezar. Der König von Juda und das Volk, unter ihnen Daniel und Hesekiel, wurden nach Babel verschleppt und dort angesiedelt.

Tom: Die Zeit der Gefangenschaft in Babel war schon durch Jesaja 150 Jahre zuvor angekündigt und sogar schon der persische Herrscher mit Namen genannt worden, der sie wieder zurückkehren lassen würde (Jesaja 44,28; 45,1). Und das ist auch wortwörtlich so eingetroffen.

Durch wen waren diese Geschehnisse angekündigt worden?

Amon **Josia** Jeremia Zephanja Hesekiel Joahas Jojakim Jekonja Daniel Obadja Zedekia

um 620 v.Chr. **605 v.Chr.** Nebukadnezar **1. Wegführung nach Babel** **586 v.Chr. Zerstörung Jerusalems und des Tempels**

Siegel des Baruch, des Schreibers des Propheten Jeremia

Siegel Gedaljas, Hofbeamter Josias, von Nebukadnezar zum Statthalter eingesetzt

Der Priester Hilkija findet zur Zeit des Königs Josia die Schriftrolle mit dem Gesetz Moses wieder. Das führt beim König zu einer tiefen Buße. Er ordnet an, dass das Wort Gottes gelesen wird.

Welche Wirkung hat das Lesen des Wortes Gottes, der Bibel, bei dir?

Gott schreibt Geschichte - Daniel sieht die Zukunft

In der Bibel findest du zu diesem Thema viele Aussagen, zum Beispiel in folgenden Bibelstellen: Daniel 1-12

Unter welchen Regierungen lebte Daniel?

Wenn man das Buch Daniel liest, wird Weltgeschichte lebendig und spannend. Man schaut hinein in die Weltreiche der damaligen Zeit. Nachdem Nebukadnezar sein mächtiges Reich aufgebaut hatte - Ausgrabungen lassen die riesigen Ausmaße der Hauptstadt Babel ahnen - zerbrach die Vorrangstellung der Babylonier und die Meder und Perser eroberten den gesamten vorderen Orient unter Kores. Darius, der Meder, der in der Bibel im Buch Daniel genannt wird, war Unterkönig und herrschte über Babel (Daniel 5,30; 6,1). Als er zwei Jahre später starb, wurde Kyros Herrscher über das Gesamtreich. Ohne Zweifel hat Daniel, der bereits unter den babylonischen Königen zu hohem Ansehen gekommen war, den neuen

Herrscher auf die Prophezeiungen Jesajas (Jesaja 44,28; 45,1) und Jeremias (Jeremia 25,12) hingewiesen. So erlies Kyrus die Verfügung, dass die Juden, die wollten, in ihr Land zurückkehren durften, um ihren Tempel wieder aufzubauen.

Lisa: War damit die babylonische Gefangenschaft zu Ende?

Tom: Ja, und zwar wie vorher von Gott angekündigt, genau nach 70 Jahren.

Man kann diese 70 Jahre von zwei Eckdaten aus berechnen: Einmal von der ersten Wegführung durch Nebukadnezar im Jahr 606 v.Chr. bis zur Rückkehr unter Serubbabel 536. Aber auch, wenn man von der Zerstörung des Tempels im Jahr 586 bis zu seiner Neu-Einweihung 516 unter Esra rechnet, sind es 70 Jahre. Gott hält sich genau an seine Zusagen.

*unten: **Nebukadnezar** Babylonisches Relief*

Dieses Bild lässt etwas ahnen von der Größe Babels

Propheten während der Gefangenschaft: Hesekiel   Daniel   Obadja

Zedekia

606 v.Chr. 1. Wegführung Nebukadnezar

586 v.Chr. Zerstörung des Tempels

Ewil-Merodak

Nergal-Sarezer

Belsazar (Ende d

*links: **Ziegel Nebukadnezars***

*rechts: **Inschrift, die die Größta-ten Nebukad-nezars rühmt***

*rechts: **Meder** Relief am Palast in Persepolis*

Neubabylonisch	
626–605	Nabopolassar; Sohn:
605–562	Nebukadnezar II.; Sohn:
562–560	Evil-Merodach (Jer 52,31; 2 Kön 25,27–30)
560–556	Nergal-Sarezer (Jer 39,3 + 13); Schwiegersohn von Nebukadnezar II
556–539	Nabunaid u. Belsazer (Jer 27,7; Dan 5); Sohn bzw. Enkelsohn von Nebukadnezar II

Medo-Persisch	
539–530	Kores (= Cyrus) (Jes 44,28; 45,1; 2 Chr 36,22 ff.; Esra); Vize-Regent (?): Darius, der Meder (Dan 6,1; 9,1; 11,1)

Max: Die ersten 6 Kapitel im Buch Daniel sind ja spannend, aber – ehrlich gesagt – bei den nächsten 6 Kapiteln versteh ich nur „Bahnhof". Kann mir das einer mal erklären?

Niko: In den ersten Kapiteln lesen wir von den Erlebnissen Daniels in den Weltreichen Babel und Persien. Als Daniel dann als bereits alter Mann die Rückkehr der Juden nach 70 Jahren erlebt, fragt er sich, wie die Geschichte seines Volkes Israel weitergehen wird. So zeigt Gott ihm in mehreren Visionen die Weltgeschichte, die nach dem babylonischen und dem persischen Reich folgen sollte.

Welche Unterteilung kann man im Buch Daniel erkennen?

Tom: Ja, das haben wir in der Schule gehört: Alexander der Große eroberte das Perserreich und begründete das Weltreich der Griechen.

Max: Wenn ich mich richtig erinnere, war das im Jahr 333 v.Chr. „Drei-drei-drei - bei Issus Keilerei!"

Lisa: Bingo! Max, du bist ja spitze! Und nach den Griechen kamen die Römer.

Niko: Ja, Gott zeigt Daniel, dass für das Volk Israel nicht nur 70 Jahre Gefangenschaft beschlossen waren, sondern 70 Jahrwochen, d.h. 70 mal 7 Jahre des Handelns Gottes an ihm. Davon sind 69 (also 483 Jahre) bereits eingetroffen bis zum Sterben des Herrn Jesus. Die letzten 7 Jahre kommen noch, bevor der Herr Jesus auf diese Welt zurückkommt, um sein Reich aufzurichten. Weltgeschichte ist also kein Zufall: Gott schreibt Geschichte!

Was ist mit den 70 Jahrwochen im Buch Daniel gemeint?

Belsazar sieht die Schrift Gottes an der Wand. Gemälde von Rembrandt van Rijn

Worauf beziehen sich die 70 Jahrwochen der Prophezeiung Daniels?

Daniel bekam die Geschichte seines Volkes Israel in Bezug auf die großen Weltreiche gezeigt. Nach dem persischen Reich folgte das griechische, dann das römische. Vom Zeitpunkt des Erlasses, Jerusalem wieder aufzubauen (Daniel 9,25; vgl. Nehemia 2,1) bis zum Tod des Messias, also des Herrn Jesus, sollten 483 Jahre (7 + 62 Jahrwochen) vergehen. Danach wandte Gott sich von seinem irdischen Volk ab. Es wurde im Jahr 70 n. Chr. durch die Römer aus seinem Land vertrieben. Wenn Gott erneut mit Israel als seinem Volk beginnt, wird die noch ausstehende 70. Jahrwoche anfangen. Sie wird von großen Strafgerichten gekennzeichnet sein (s. Seite 86). Diese Zeit nennt die Bibel „die Drangsal" oder „Trübsal" Israels (vgl. Daniel 7,25; 12,7; Offenbarung 11,2-3; 12,6.14; 13,5). In der Zeit dazwischen ist die Zeit der Gemeinde (s. Seiten 72-83).

5

Haggai   Sacharja

Serubbabel

536 v. Chr. Rückkehr unter Serubbabel

516 v.Chr. Einweihung des Tempels unter Esra

byl. Reiches)

links: **Persischer Krieger** Relief am Palast in Persepolis

rechts: **Babylonier**

Kyrus

57

Rückkehr nach Israel - Gott schweigt

5

In der Bibel findest du zu diesem Thema viele Aussagen, zum Beispiel in folgenden Bibelstellen:
Daniel 6; 9,2;
Daniel 7-8;
Esra; Nehemia;
Haggai; Sacharja

unten: *Grabmal des persischen Königs Kyrus*

Die Rückkehr der Juden aus der babylonischen Gefangenschaft vollzog sich in drei Schritten: Die erste Gruppe kehrte unter Serubbabel, einem Nachkommen Davids, im Jahr 536 v.Chr. zurück. Sie stellte als Erstes den Altar wieder her und begann mit der regelmäßigen Anbetung Gottes. Die Grundmauern des Tempels wurden gelegt, aber durch die starke Behinderung der mittlerweile dort lebenden Araber, kam es zum Baustopp. Nach 16 Jahren ermutigten die Propheten Haggai und Sacharja das Volk, die Arbeit wieder aufzunehmen und den Tempel zu vollenden.

Tom: Die zweite Gruppe wurde etwa 78 Jahre später durch Esra,

Welche drei Etappen gab es bei der Rückkehr der Juden?

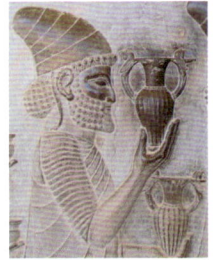

oben: *Relief eines Mundschenks*

einen Schriftgelehrten, geführt. Er sorgte dafür, dass das mosaische Gesetz wieder eingeführt wurde.

Lisa: Und dann kommt die Geschichte von Nehemia, der am persischen Hof Mundschenk gewesen war. Er sorgte dafür, dass die Mauer von Jerusalem wiederhergestellt wurde.

Max: Gab es nach der Rückkehr in Israel noch Propheten?

links: *Der sog. Kyrus-Zylinder, eine Inschrift mit Verfügungen des persischen Königs Kyrus*

Propheten nach der Gefangenschaft: Haggai Sacharja Maleachi
Serubbabel

536 v.Chr.
Rückkehr nach Israel

um 450 v.Chr.

links: *Relief des persischen Königs Darius*

rechts: *Relief des persischen Königs Xerxes*

Lisa: Ja, soviel ich weiß, waren das Haggai und Sacharja und dann noch Maleachi.

Aber eine tolle Geschichte fällt mir noch ein: Das ist die von dem mächtigen Perserkönigs Xerxes, der das arme jüdische Waisenmädchen Ester geheiratet hat. Sie konnte als Königin verhindern, dass ihr Volk Israel durch Haman, einen Agagiter, ausgerottet wurde!

Welche Jüdin wurde persische Königin?

Max: Und was geschah danach? Steht eigentlich noch etwas in der Bibel bis zu dem Zeitpunkt, als der Herr Jesus geboren wurde?

Niko: Nur indirekt durch die Prophezeiungen von Daniel. Das andere können wir aus dem Geschichtsunterricht und von dem Historiker Josephus lernen. Eine besondere Rolle in dem

Zeitraum von etwa 400 Jahren spielte der syrische König Antiochus IV. Epiphanes. Er verfolgte die Juden in grausamer Weise und tötete viele. Im Jahr 170 v.Chr. verbot er den jüdischen Gottesdienst im Tempel, führte dort Götzendienst ein und entweihte damit den Tempel und den Altar. Damit ist Antiochus eine vorläufige Erfüllung der Prophezeiung von Daniel 11,21-35. Empört widerstanden ihm schließlich eine Gruppe von Juden. Es kam zu den Aufständen der Makkabäer und einer Reihe von Unabhängigkeitskämpfen. In dieser Zeit entstanden auch die religiösen Sekten der Pharisäer und Sadduzäer. Schließlich wurden alle Freiheitsbemühungen endgültig durch die Römer zerschlagen. Es war eine tragische und traurige Zeit, die dem Kommen des Herrn Jesus vorausging.

Wie lange ließ Gott keine Propheten mehr auftreten?

 Damit enden die Berichte des Alten Testaments

 **Wer waren die Makkabäer?**

Sie waren eine Gruppe in Israel, die versuchte, sich von der Fremdherrschaft der Seleuciden zu befreien.

unten: Relief des persischen Königs Xerxes. Er heiratete die Jüdin Ester.

5

Mosaik des Kampfes Alexanders des Großen gegen den persischen König Darius

333 v.Chr.
Alexander erobert Persien

170 v.Chr.
Antiochus IV. Epiphanes

Römische Weltherrschaft

links: Münze des griechischen Königs Alexander (vgl. Daniel 8,5-8 Griechenland im Bild eines Ziegenbocks)

links: Münze des Königs Antiochus IV. Epiphanes, des grausamen Herrschers, der die Israeliten tyrannisierte

5

In der Bibel findest du zu diesem Thema viele Aussagen, zum Beispiel in folgenden Bibelstellen:
Matthäus 1-2;
Lukas 1-3;
Galater 4,4

oben: Büste unten: Münze des Kaisers Augustus

Jesus, von Gott gekommen

Endlich hatte das lange Schweigen Gottes ein Ende: Er sandte den versprochenen Retter, der uns Menschen von unseren Sünden und von der Macht des Teufels befreien sollte. Das hatte er Adam und Eva bereits versprochen, das hatte er dem Abraham gesagt, es wur-de an vielen Stellen im Alten Testament immer wieder genannt. Er hatte durch die Propheten darauf hingewiesen. Aber nur wenige glaubten den Voraussagen Gottes und warteten wirklich auf ihn.

Warum hat Gott seinen Sohn auf diese Erde gesandt?

„Und du sollst seinen Namen Jesus heißen."
Der Name Jesus in hebräischen Buchstaben geschrieben

Tom: Zuletzt schickte er Johannes, den Täufer, den Sohn des Priesters Zacharias. Der sollte das Volk Israel auf den kommenden Retter vorbereiten. Als Zeichen ihrer Buße sollte er sie taufen. Aber er sagte auch, dass nur der, der nach ihm kommen würde, ihnen die Sünden wegnehmen könnte.

Warum wurde Jesus von einer Jungfrau geboren?

Ich frag mich nur, warum Gott seinen eigenen Sohn auf unsere Erde gesandt hat. Konnte diese Aufgabe der Rettung nicht ein Prophet oder Engel tun?

Niko: Nein, das ging nicht! Einer, der uns Menschen von unseren Sünden befreien wollte, musste selbst ohne Sünden sein. Einer, der uns von der Macht des Teufels retten wollte, musste stärker als der Teufel sein. Einer, der den Tod besiegen wollte, musste stärker als der Tod sein. Einer, der den Menschen ewiges Leben geben wollte, musste selber ewig sein. Deshalb konnte das nur der Herr Jesus, der Sohn Gottes, und kein anderer!

Welche Kriterien musste der Retter erfüllen?

Max: Und warum musste er von einer Jungfrau geboren werden? Hätte er nicht auch

Jesus, von Maria geboren = Jesus Christus: wahrer Mensch und wahrer Gott

4 v.Chr. **Geburt Jesu**
Johannes der Täufer

Kaiser Augustus **Herodes, der Große** **Herodes Antip**

rechts: Inschrift aus Ephesus, in der Augustus als Gott verehrt wird

links: Die Wüste Juda, Ort der Versuchung Jesu

rechts: Modell des antiken Jerusalem z.Zt. des Herrn Jesus

er ist da!
Versprechen!

einfach wie ein Engel auf die Erde kommen können?

Niko: Nein, der versprochene Retter musste sowohl wahrer Mensch als auch wahrer Gott sein. Wirklicher Mensch, damit er sterben könnte; und wirklicher Gott, um den Tod und den Teufel besiegen zu können!

Lisa: Das find ich stark, dass Gott diesen Weg gefunden hat. Sonst hätten wir nie gerrettet werden können und müssten ewig von Gott getrennt bleiben.

Max: Und warum wurde der Herr Jesus gerade zu der Zeit geboren, als die Römer den gesamten bekannten Mittelmeerraum beherrschten?

Tom: Das hatte Gott auch prima vorbereitet. Damit waren die äußeren Gegebenheiten so ideal wie nie zuvor. Das

Evangelium konnte so in kürzester Zeit im gesamtem damaligen Kulturbereich verbreitet werden. Alle Menschen konnten sich durch die im römischen Reich verwendete griechische Sprache verständigen. Die Bibel sagt es so: *„Als die Zeit erfüllt war, sandte Gott seinen Sohn"* (Galater 4,4).

Tom: Wer will, kann mal alle Bibelstellen hier unten in seiner Bibel nachschlagen. Vorne steht die Stelle, wo im Alten Testament etwas von dem Herrn Jesus vorausgesagt ist, und hinten, wo sie im Neuen Testament erfüllt wurde. Viel Spaß!

In welcher Zeit wurde der Herr Jesus geboren?

Welche Voraussagen auf den Herrn Jesus haben sich erfüllt?

1Mo 3,15	Er ist Nachkomme einer Frau	Gal 4,4 (Lk 2,7)
1Mo 18,18	Er ist Nachkomme Abrahams	Apg 3,25 (Mt 1,1)
1Mo 49,19	Er ist aus dem Stamm Juda	Lk 3,3
Micha 5,1	Sein Geburtsort ist Bethlehem	Mt 2,1
Jesaja 7,14	Geboren von einer Jungfrau	Mt 1,18
Hos 11,1	Seine Flucht nach Ägypten	Mt 2,14
5Mo 18,15	Der Herr Jesus ist ein Prophet	Joh 6,14
Jes 53,5	Die Ablehnung durch die Juden	Joh 1,11
Jes 11,2	Einige seiner Eigenschaften	Lk 2,52
Sach 9,9	Sein Einzug in Jerusalem auf einem jungen Esel	Joh 12,13.14
Ps 41,10	Von einem Freund verraten	Mk 14,10
Sach 11,12	Für 30 Silberstücke verraten	Mt 26,15
Jes 53,7	Er schweigt auf die Anklagen	Mt 26,62.63
Jes 50,6	Er wird geschlagen und bespuckt	Mk 14,65
Ps 69,5	Er wird ohne Grund gehaßt	Joh 15,23-25
Jes 53,4.5	Sein stellvertretendes Leiden	Mt 8,16.17 (Rö 4,25)
Jes 53,12	Er wird mit Sündern gekreuzigt	Mt 27,38
Ps 22,17	Hände und Füße durchbohrt	Joh 20,27
Ps 22,7-9	Verspottet und beleidigt	Mt 27,39.40
Ps 62,22	Mit Galle und Essig getränkt	Joh 19,29
Ps 109,4	Er betet für seine Feinde	Lk 23,34
Sach 12,10	Seine Seite wird durchbohrt	Joh 19,34
Ps 22,19	Soldaten werfen Los um Kleider	Mk 15,24
Ps 34,21	Nicht *ein* Bein wird gebrochen	Joh 19,33
Ps 16,10	Seine Auferstehung	Mt 28,9 (Lk 24,4-8)

In welchem Zusammenhang steht das Alte zu dem Neuen Testament?

5

Das Neue Testament (NT) gründet sich auf die Voraussagen des Alten Testaments (AT). Das AT zeigt uns den Plan Gottes, den er von Beginn der Welt an hatte: Er wollte Gemeinschaft mit dem Menschen haben, den er geschaffen hatte. Doch der Mensch war Gott ungehorsam, er sündigte. Damit war die Gemeinschaft mit Gott unterbrochen. Doch Gott gab seinen Plan nicht auf. Er versprach den Retter (1. Mose 3,15), der die Möglichkeit der Vergebung und damit den Weg zurück in die Gemeinschaft mit Gott schaffen würde, indem er die Strafe der Sünde, den Tod, anstelle des Menschen übernehmen würde. Darum ist der Herr Jesus, der Sohn Gottes, gekommen. Er starb für uns, damit wir Vergebung bekommen können.

Wer das im Glauben annimmt, dem vergibt Gott und schenkt ihm, dass er ein Kind Gottes wird.

Wunder über Wunder!
Das Leben Jesu

In der Bibel findest du zu diesem Thema viele Aussagen, zum Beispiel in folgenden Bibelstellen: Matthäus-Evangelium; Markus-Evangelium; Lukas-Evangelium; Johannes-Evangelium.

Warum sprach Jesus in Gleichnissen?

Der Herr Jesus gebrauchte häufig in seinen Predigten bildhafte Vergleiche aus dem Alltagsleben, um Dinge in Bezug auf Gott verständlich zu machen. Diese Vergleiche nennt die Bibel Gleichnisse.

Ich finde es immer wieder total spannend, in den vier Evangelien von dem Herrn Jesus zu lesen. Man meint dabei fast, direkt dabei zu sein, als er die Wunder tat, seine Predigten hielt und sich mit den Menschen seiner Zeit auseinander setzte.

Max: Kann mir mal jemand erklären, was die Evangelien sind. Aus welcher Sprache kommt das Wort eigentlich?

Was versteht man eigentlich unter den Evangelien?

Niko: Die Bibel wurde hauptsächlich in zwei Sprachen geschrieben: Das Alte Testament, also der erste Teil der Bibel, wurde in Hebräisch aufgeschrieben, der Sprache der Israeliten. Das Neue Testament dagegen in Griechisch, der Sprache, die zu dieser Zeit im ganzen Römischen Reich gesprochen oder verstanden wurde. Nur Matthäus ist in Aramäisch, der Umgangssprache der

Restauriertes Boot aus der Zeit Jesu am See Gernezareth

Jesus Christus tritt öffentlich auf

um 30 n.Chr.

Pontius Pilatus, römischer Statthalter in Israel

Um den Herrn Jesus immer besser kennen zu lernen, solltest du jeden Tag in deiner Bibel lesen!

rechts: Inschrift des römischen Statthalters Pilatus in Cäsarea

Frühling am See Genezaret

Juden, geschrieben. Das Wort Evangelium ist griechisch und bedeutet einfach „Frohe Botschaft", und die Evangelisten sind eben die, die diese frohmachenden Berichte von dem Herrn Jesus aufgeschrieben haben:

Matthäus, Markus, Lukas und Johannes.

Münzen aus der Zeit des Pontius Pilatus

Lisa: Dass der Herr Jesus so viele Wunder tun konnte, ist kein Problem für mich, schließlich ist er ja Gottes Sohn, und von daher kann

Warum hat der Herr Jesus die Wunder getan?

Was sind die bekanntesten Wunder Jesu?

Jesus hat Macht über die Natur
Fischfang des Petrus	Lk 5,1-11
Jesus geht auf dem See	Joh 6,16
Hochzeit zu Kana	Joh 2,1-11
Speisung der 5000	Mt 14,15
Speisung der 4000	Mt 15,32
Stillen des Sturms	Lk 8,22
u.a.	

Jesus hat Macht über Krankheiten
Ein Aussätziger wird geheilt	Mt 8,2-3
Zehn Aussätzige werden geheilt	Lk 17,11-19
Der besessene Mann aus Gadara	Mk 5,1-15
Blinder Bartimäus wird sehend	Mt 20,29-34
Der Blindgeborene wird sehend	Joh 9,1-41
Zwei Blinde werden sehend	Mt 9,27-31
Die kranke Frau in Kapernaum wird geheilt	Lk 8,43-48
Der Diener des Hauptmanns wird geheilt	Mt 8,5-13
Der Gelähmte in Kapernaum wird geheilt	Lk 5,18-25
Der Kranke am Teich Betesda wird geheilt	Joh 5,1-9
Das Ohr des Malchus	Lk 22,50-51
Die Schwiegermutter des Petrus	Lk 4,38-39
Der Sohn des königl. Beamten	Joh 4,46-54
u.a.	

Jesus hat Macht über den Tod
Der Junge Mann aus Nain wird auferweckt	Lk 7,11-15
Die Tochter des Jairus wird auferweckt	Lk 8,41-56
Lazarus wird auferweckt	Joh 11,1-44

er das. Aber ich hab die Frage, *warum* er all die Wunder getan hat. Eigentlich wollte er doch gar nicht groß und berühmt werden. Oft hat er den Geheilten sogar verboten, davon weiterzusagen ...

Niko: Im Alten Testament, im Buch des Propheten Jesaja (29,18-19 und 35,5-6), wird vorausgesagt, dass Israel die Zeit des kommenden Retters daran erkennen kann, dass Blinde sehen, Taube wieder sprechen, Lahme gehen und die gute Botschaft vom kommenden Reich Gottes verkündigt wird. Die Menschen zur Zeit des Herrn Jesus konnten daran also erkennen, dass er dieser kommende Retter von Gott war.

Tom: Der Herr Jesus hat dem Volk ja viel gepredigt, den Jüngern hat er vieles erklärt, und mit den Obersten der Juden hat er viele Auseinandersetzungen gehabt. Was war eigentlich die Kernaussage seiner Verkündigung, was wollte er den Menschen „rüberbringen"?

Was war der Inhalt der Botschaft Jesu?

links: **Die Speisung der 5000 Menschen:** Mit fünf Broten und zwei Fischen sättigt der Herr Jesus die Volksmenge.

Was ist die bekannteste Predigt Jesu?

5

Der Herr Jesus hat viele Predigten gehalten, hat die Volksmengen gelehrt und seine Jünger geschult. Die bekannteste Predigt ist die so genannte Bergpredigt (Matthäus 5-7). Sie hat ihren Namen von dem Ort, wo Jesus sie gehalten hat: einem Berg in der Nähe von Betsaida am See Genezaret. Man könnte die Bergpredigt das „Grundgesetz" des Reiches Gottes nennen. Als zukünftiger König dieses Reiches gibt der Herr Jesus hier die Grundlagen und Prinzipien des kommenden Reiches bekannt, das einmal als so genanntes Tausendjähriges Reich auf der Erde sichtbar werden wird (vgl. Seite 87).

Vermutlicher Ort der Bergpredigt

Die so genannte Witwenmünze. Kleinste Münze in Israel zur Zeit des Herrn Jesus

63

5 Warum nannte der Herr Jesus seine Jünger Apostel?

Jünger bedeutet so viel wie Schüler. Apostel ist griechisch und heißt „Bote" oder „Gesandter". Damit macht der Herr Jesus ihren Auftrag klar, den sie von ihm haben: Sie sollten die Botschaft von ihm weitersagen.

Wer waren die 12 Jünger, die Jesus auswählte?

Wir finden sie z.B. in Markus 3,13-19:
Simon Petrus,
Jakobus und **Johannes**,
 Söhne von Zebedäus,
Andreas, der Bruder
 von Simon Petrus,
Philippus,
Bartholomäus,
Matthäus (Levi),
 der Zöllner,
Thomas,
 genannt Zwilling,
Jakobus,
 der Sohn des Alphäus,
Thaddäus (Judas),
Simon, der Kananäer,
Judas Iskariot

Lisa: Ich denke, er wollte
1. das Volk zur Buße, also zur Sinnesänderung, aufrufen, damit sie das kommende Reich Gottes mit gereinigten Herzen erwarteten. So hatte das schon Johannes, der Täufer, getan. Mit diesem Auftrag schickte er auch seine Jünger mehrmals durch das Land.
2. Er wollte ihnen Gott als liebenden Vater zeigen, wie er das in dem Gleichnis von dem „verlorenen Sohn" erzählt.
3. Er wollte seinen Jüngern zeigen, dass das Volk ihn als Retter ablehnen würde, dass er getötet, aber am dritten Tag auferstehen würde. Er wollte sie also auf sein Sterben vorbereiten. Aber sie verstanden ihn nicht.
4. Er wollte ihnen erklären, wer er selbst ist, nämlich der Sohn Gottes, der durch die Propheten vorhergesagt worden war.

Tom: Ja, deshalb waren die Bewohner seiner Heimatstadt Nazareth so aufgebracht (Lukas 4, 16), als er in ihrer Synagoge

Warum erregte die Predigt Jesu so großen Widerspruch?

die Stelle aus Jesaja 61,1-2 zitierte: „*Der Geist des Herrn ist auf mir, weil er mich gesalbt hat, Armen gute Botschaft zu verkün-*

Der Berg Tabor könnte der Berg sein, auf dem Jesus von seinen Jüngern in seiner Herrlichkeit gesehen wurde.

digen." Sie verstanden sofort, dass er diese Prophezeiung direkt auf sich bezog: „*Der Geist des Herrn ist auf mir!*"

Max: Ja, sie sahen in ihm nur den Sohn des Zimmermanns Josef, der bei ihnen aufgewachsen war. Deshalb sind sie so sauer auf ihn.

Lisa: Dabei war er der Sohn Gottes persönlich! Seinen drei engsten Jüngern hat er sich einmal in ganz besonderer Weise gezeigt, als er mit ihnen auf einen Berg gestiegen ist, um zu beten.

ςτὐο ἑζͅᴎᴄςͅο:
ςͅᴇᴌͅᴎ ᴀͅτᴜᴌᴀᵾ ᴢᴜᴵᴜ ᴵᴵᴏ ᴛͅᴅᴏ ᵾᴎᵹᴌᴵᴎ.
ςͅᴇᴌͅᴎ ᴢᴀͅτᴵᴏ ᴵᴵᴜ ᴵͅᴎᴀᴵᴏ. ᴇᴅᴜᴅᴌͅᴜ:
ςͅᴇᴀᴌ ᴀͅτᴵᴏ ᴀͅᵹᴜͅτ. ᴢͅᴜͅτᴀ ςͅτᴀᴇᴌͅᴢ͂ς
ᴌͅᴜ ᴀᴌᴋͅ ᴛᴜᴵᴜ ᴅᴢ̆ ᴢͅᴀᴌ ᴅᴀᴴ ᴌᴜᴵᴜ ᴎ̆ᴴᴜ.

„*Der Geist des Herrn ist auf* mir, *weil er* mich *gesalbt hat, Armen gute Botschaft zu verkündigen.*"
Offensichtlich hatte der Herr Jesus diese Zitat aus Jesaja 61,1-2 so betont, dass die Zuhörer seinen Anspruch verstanden, der von Gott Gesandte zu sein. Links diese Bibelstelle in hebräischer Schrift.

Das Gleichnis vom „Verlorenen Sohn" ist eines der bekanntesten Gleichnisse des Herrn Jesus. Hier das letzte Gemälde von Rembrandt van Rijn, das er kurz vor seinem Tod (1669) malte. Als verlorenen Sohn malte er sich selbst, wie er in die Arme des Vaters heimkehrt.

64

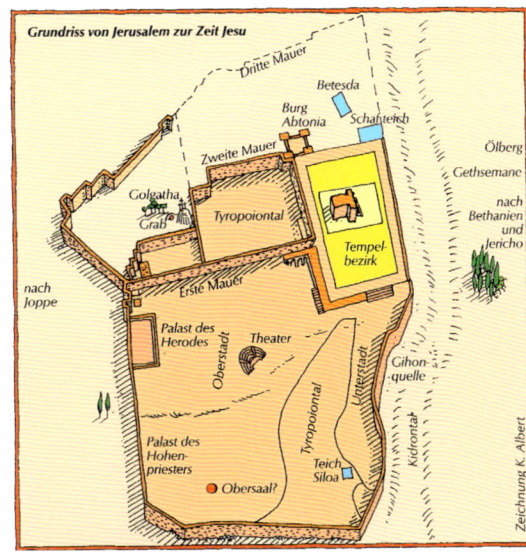

Grundriss von Jerusalem zur Zeit Jesu

Dritte Mauer
Betesda
Burg Antonia
Schafteich
Zweite Mauer
Ölberg
Gethsemane
Golgatha Grab
Tyropoiontal
nach Bethanien und Jericho
Tempel-bezirk
nach Joppe
Erste Mauer
Palast des Herodes
Theater
Oberstadt
Gihon-quelle
Palast des Hohen-priesters
Tyropoiontal
Unterstadt
Kidrontal
Teich Siloa
Obersaal?

Zeichnung K. Albert

Augustus
27 v.Chr.-14 n.Chr.
(Lk 2,1)
Tiberius 14–37 n.Chr.
(Lk 3,1) Unter ihm ist Pontius Pilatus Statthalter in Cäsaräa. Unter seiner Regierung findet die Kreuzigung Jesu in Jerusalem statt.
Gajus 37-41 n.Chr. Spitzname: Caligula, sittenlos; droht, sein Standbild im Tempel in Jerusalem aufzustellen; wird ermordet.
Claudius 41-54 n.Chr. (Apg 11,28; 18,2) Er ordnet die Vertreibung der Juden aus Rom an.
Nero 54-68 n.Chr. (Apg 25,11; Röm 13) Er ist ein grausamer Despot, Selbstmord.
Vespasian
69-79 n.Chr. Sein Sohn Titus zerstört im Jahr 70 Jerusalem.
Titus 79-81 n.Chr.

Niko: Diesen Berg nennt man den „Berg der Verklärung", weil Jesus „verklärt" wurde, das heißt so viel wie „umgewandelt".

Was war der Berg der Verklärung?

Für einen kurzen Moment sahen die Jünger ihren Herrn in seiner himmlischen Herrlichkeit. Wenn man ihre Berichte liest, merkt man, dass sie Mühe haben, zu beschreiben, wie das gewesen ist.

Lisa: Oft wird in der Bibel berichtet, dass der Herr Jesus mit seinem Vater im Himmel, mit Gott, geredet hat. Dieses Beten muss seine

Welches ist das bekannteste Gebet des Herrn Jesus?

Jünger stark beeindruckt haben. Einmal baten sie ihn: „Herr, lehre uns beten." Da gab der Herr Jesus ihnen ein Beispiel, wofür wir beten können, das so genannte „Vater-unser": *„Unser Vater, der du bist in den Himmeln, geheiligt werde dein Name; dein Reich komme; dein Wille geschehe, wie im Himmel so auch auf Erden! Unser tägliches Brot gib uns heute; und vergib uns unsere Schulden; und führe uns nicht in Versuchung, sondern errette uns von dem Bösen"* (Lukas 11,2-4; Matthäus 6,9-13). Es kann auch für uns ein Beispiel sein, wie und wofür wir beten können.

Der Herr Jesus begegnete vielen Menschen. Am Brunnen von Sichem erklärte er einer Frau, dass er das „lebendige Wasser" ist. Mit diesem Vergleich will er zeigen, dass wir ohne ihn in unserem Leben durstig bleiben, wenn es um die Sehnsucht des Lebens geht.

*links: **Modell des Tempels in Jerusalem zur Zeit des Herrn Jesus***

Unbegreiflich!
Jesus wird getötet!

In der Bibel findest du zu diesem Thema viele Aussagen, zum Beispiel in folgenden Bibelstellen: Matthäus 26-27; Markus 14-15; Lukas 22-23; Johannes 13-19.

Warum wurde der Herr Jesus gekreuzigt?

Da die Juden zur Zeit des Neuen Testaments unter der Oberhoheit der Römer standen, hatten sie nur eine eingeschränkte Gerichtsbarkeit. Deshalb mussten die Juden einen politischen Anklagepunkt vorbringen. So lautete ihr Vorwurf, Jesus habe behauptet, ein König zu sein. Obwohl Pilatus wusste,

I ch kann nicht begreifen, dass die religiösen Führer der Juden so neidisch auf den Herrn Jesus waren, dass sie ihn umbringen wollten. Er hatte doch nur Gutes getan!

Tom: Ja, aber das war - glaub ich - gerade das, was seine Feinde so ärgerte. Sie fühlten sich hinterfragt und vor dem Volk als Heuchler bloßgestellt. Und obwohl sie durch das, was der Herr Jesus sagte und tat, wissen mussten, dass er der von Gott versprochene Retter (Messias) war, beschlossen sie, ihn zu töten.

Warum wollten die Obersten der Juden Jesus umbringen?

Wie oft hat der Herr Jesus sein Sterben vorausgesagt?

Lisa: Hat der Herr Jesus eigentlich gewusst, dass er sterben würde?

Niko: Ja. Das, was für die Jünger völlig überraschend kam, hatte der Herr schon oft vorher angekündigt. Auch im Alten Testament war es schon mehrfach gesagt worden. Deswegen war er ja Mensch geworden und auf diese Erde gekommen, damit er für uns sterben könnte, die wir eigentlich den Tod verdient hatten.

Was geschah auf dem Obersaal?

Tom: Und dann hat ihn Judas feige verraten und veranlasst, dass er gefangen genommen wurde.

links: **Inschrift des Pilatus in Cäsaräa**

Lisa: Moment, aber bevor das geschah, hat er in der letzten Nacht mit seinen Jüngern in einem schönen Saal das Passahfest gefeiert.

Tom: Ja, darüber hatten wir schon auf der Seite 40 miteinander nachgedacht. Uns war aufgefal-

---

Jesus Christus wird gefangen genommen, angeklagt und zum Tode verurteilt

um 33 n.Chr.

Pontius Pilatus ist römischer Statthalter in Israel, Herodes Antipas ist Statthalter in Galiläa

dass er aus Neid angeklagt worden war, ließ er ihn kreuzigen, um sich bei den Juden beliebt zu machen.

links: **Ölbäume im Garten Gethsemane. Hier war der Herr Jesus in der letzten Nacht mit seinen Jüngern. Hier verriet ihn Judas Iskariot, hier wurde er von den Knechten des Hohenpriesters gefangen genommen.**

links: **Das letzte Abendmahl** *Ölgemälde von dem italienischen Maler Sanzio Raffaello (1483-1520)*

Der Weg des Herrn Jesus zum Kreuz ▶

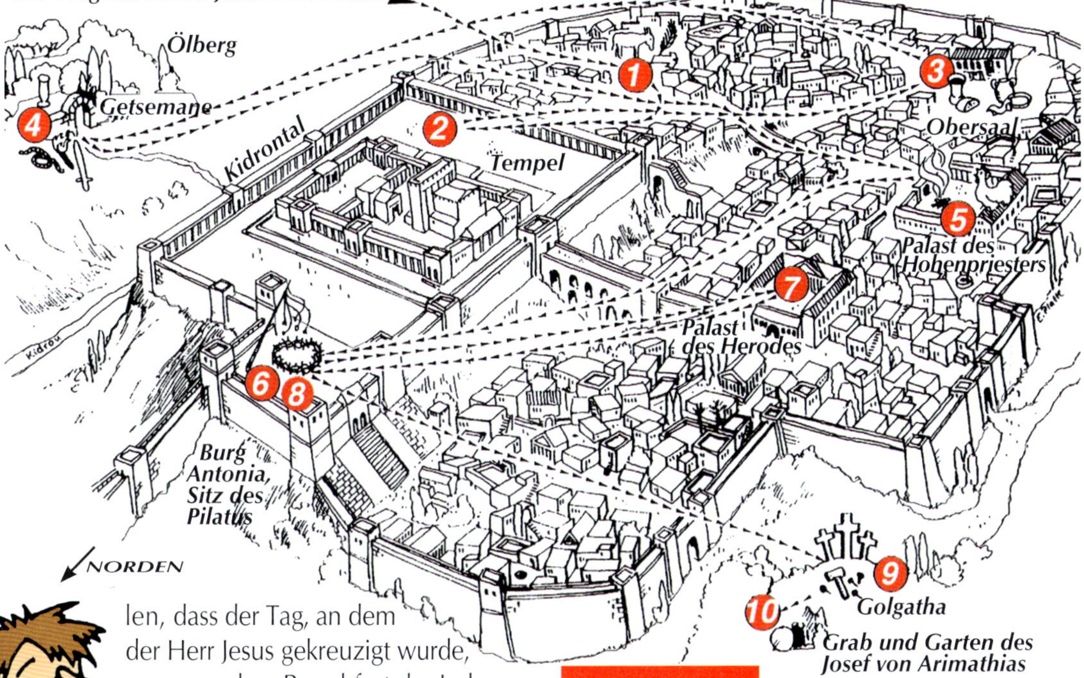

Ölberg

Getsemane ④

Kidrontal

② Tempel

① ③

Obersaal

⑤

Palast des Hohenpriesters

⑦

Palast des Herodes

⑥ ⑧

Burg Antonia, Sitz des Pilatus

↙ NORDEN

⑨ Golgatha

⑩ Grab und Garten des Josef von Arimathias

Wie verlief der letzte Tag des Herrn Jesus in Jerusalem?

5

Die nebenstehende Zeichnung macht das deutlich:
Nachdem der Herr Jesus mit seinen Jüngern nach Jerusalem gekommen war (1), ging er in den Vorhof des Tempels und trieb alle Händler hinaus (2). Als es Abend geworden war, zog er sich mit seinen Jüngern auf den Obersaal zurück (3), um mit ihnen das Passahfest zu feiern. Im Anschluss daran setzte er das Abendmahl ein. Spät in der Nacht ging er mit ihnen hinaus an den Ölberg in den Garten Getsemane (4), um zu beten. Dort wurde er von Judas verraten und von den Knechten des Hohenpriesters gefangen genommen. In den frühen Morgenstunden führten sie ihn in den Palast des Hohenpriesters (5). Von dort wurde er zu Pilatus gebracht (6), der ihn zu Herodes (7) schickte. Zurück bei Pilatus, wurde er gegeißelt (8) und zum Tode am Kreuz

...len, dass der Tag, an dem der Herr Jesus gekreuzigt wurde, genau an dem Passahfest der Juden geschah. Das ist nicht zufällig! Damit macht Gott klar, dass das Sterben des Herrn Jesus verglichen werden kann mit dem Passahlamm, das an der Stelle des Erstgeborenen geschlachtet wurde. Auch der Herr Jesus starb an unserer Stelle als „Lamm Gottes".

Lisa: Im Anschluss an dieses

Welche Bedeutung hat das Passah?

Was ist das Abendmahl?

Fest hat der Herr Jesus das Abendmahl eingesetzt. Dabei brach er ein Stück von dem Brotlaib ab und gab es seinen Jüngern. Danach lies er jeden von ihnen einen Schluck aus dem Kelch trinken. Das sollte sie jedesmal, wenn sie es in Zukunft feiern würden, daran erinnern,

verurteilt (9).
Im nahe gelegenen Gartengrab (10) wurde er von Josef von Arimathia beigesetzt.

...aiphas ist Hoherpriester

links: So kann man sich den Obersaal vorstellen, in dem der Herr Jesus mit seinen Jüngern in der letzten Nacht das Passah und das Abendmahl gefeiert hat.

links: Brot und Kelch. Symbole beim Abendmahl (oder Brotbrechen) für Leib und Blut des Herrn Jesus. Das Brotbrechen ist eine Feier, die uns das Leiden und Sterben des Herrn Jesus in lebendiger Erinnerung halten will.

5

Was waren die letzten Worte Jesu am Kreuz?

1. Fürbitte für die Soldaten:
„Vater vergib ihnen, denn sie wissen nicht, was sie tun!" Lukas 23,34

2. Versprechen an den Verbrecher:
„Wahrlich, ich sage dir: Heute wirst du mit mir im Paradies sein!" Lukas 23,43

3. Fürsorge für seine Mutter und Auftrag an Johannes:
„Frau, siehe, dein Sohn!" - „Siehe, deine Mutter!" Johannes 19,26

4. Seine Seelennot:
„Mein Gott, mein Gott, warum hast du mich verlassen?" Markus 15,34; vgl. Psalm 22,1

5. Körperliche Not:
„Mich dürstet!" Johannes 19,28; vgl. Psalm 22,16

6. Sein Siegesruf:
„Es ist vollbracht!" Johannes 19,30; vgl. 1. Mose 3,15

dass der Leib des Herr Jesus „gebrochen" wurde und er sein Blut für uns vergossen hat. Jedesmal, wenn in unserer Gemeinde dieses „Brotbrechen" gefeiert wird, denken wir ganz besonders daran, dass der Herr Jesus an unserer Stelle gestorben ist. Er hat uns dieses Mahl gegeben, damit wir nie vergessen sollen, was er getan hat.

Max: Dann ist Judas losgegangen und hat ihn bei den Obersten der Juden verraten und ihnen gesagt, wo sie ihn finden könnten.

Lisa: Aber warum hat er das bloß getan?

Wie und warum verriet Judas ihn?

Tom: Ich glaub, er war einfach auf das Geld aus, das sie ihm versprochen hatten.

Niko: Die Bibel sagt, dass der Teufel sein Herz in Beschlag genommen hatte. Das ist schrecklich, nicht wahr? Der Teufel wollte auf irgendeine Weise verhindern, dass der Herr Jesus uns

Menschen von der Sünde erlöst. Aber Gott hat die scheinbare Niederlage des Herrn Jesus als den größten Sieg über den Teufel benutzt. Er hat ihn mit dessen eigenen Waffen geschlagen.

Wieso war Jesu Tod sein Sieg?

Lisa: Das war in der Bibel ja vorher schon angekündigt worden. Schon bei Adam und Eva hatte Gott gesagt, dass der Retter, der kommen würde, um den Teufel, die Schlange, zu besiegen, selbst sterben müsste (1. Mose 3,15).

unten: „Ecce homo" (= Siehe, der Mensch). Pilatus zeigt den gegeißelten Jesus der Menschenmenge. Gemälde von Antonio Ciseri (1821-1891)

um 33 n.Chr.

Pontius Pilatus ist römischer Statthalter in Israel, Herodes Antipas ist Statthalter in Galiläa, Kaiph

7. Vollmacht seiner Lebensübergabe:
„Vater, in deine Hände übergebe ich meinen Geist." Lukas 23,46; vgl. Johannes 10, 17

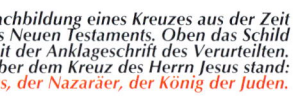

Nachbildung eines Kreuzes aus der Zeit des Neuen Testaments. Oben das Schild mit der Anklageschrift des Verurteilten. Über dem Kreuz des Herrn Jesus stand: Jesus, der Nazaräer, der König der Juden.

Die Geißelung war eine grausame Folter, um Angeklagte zu Geständnissen zu bewegen, die zu einer Verurteilung führen konnten. Der Herr Jesus aber hat bei allem geschwiegen, so dass Pontius Pilatus, der römische Statthalter, sich verwunderte. Er erkennt: Jesus ist unschuldig! Und doch verurteilt er ihn zum Tod, weil er den Juden einen Gefallen tun wollte.

Die Dornenkrone war neben der körperlichen Qual eine Verhöhnung des „Königs der Juden".

Wie und warum wurde Jesus angeklagt?

Max: Was war denn eigentlich der Grund, weswegen die Juden ihn bei dem römischen Statthalter angeklagt hatten?

Tom: Für die Juden stand fest, dass der Herr Jesus Gott gelästert hatte, weil er von sich sagte, dass er Gottes Sohn und damit Gott selbst sei. Darauf stand bei ihnen die Todesstrafe. Da sie aber unter römischer Besatzung standen, war es ihnen untersagt, ein Todesurteil zu vollstrecken. Dazu brauchten sie die Verurteilung durch die römische Gesetzgebung. Deshalb aber mussten sie einen politischen Anklagegrund vorweisen. So wurde der Herr Jesus angeklagt, dass er gesagt habe, er sei ein König. Damit wurde er für die römische Besatzungsmacht eine Gefahr.

Niko: Pilatus erkannte zwar sofort, dass nicht das der eigentliche Grund war, sondern dass sie aus Neid seinen Tod wollten. Obwohl er mehrfach feststellte, dass Jesus unschuldig war, verurteilte er ihn zum Tod am Kreuz. Er fürchtete

Ist der Herr Jesus tatsächlich gestorben?

eine Verleumdung durch die Juden beim Kaiser in Rom und wollte sich bei den Obersten der Juden beliebt machen. So wurde der Herr Jesus grausam gegeißelt und dann zusammen mit zwei anderen Verbrechern am Kreuz hingerichtet.

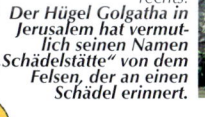

Lisa: Nach sechs furchtbaren Stunden am Kreuz rief der Herr Jesus aus: „Es ist vollbracht!" und übergab bewusst sein Leben in die Hand Gottes. Das bewegt mich total: Unser Heiland ist also nicht an den Folgen der Geißelung oder Kreuzigung gestorben, sondern aus eigenem Willen, wie er das in Johannes 10,17-18 schon vorher gesagt hatte.

rechts:
Der Hügel Golgatha in Jerusalem hat vermutlich seinen Namen „Schädelstätte" von dem Felsen, der an einen Schädel erinnert.

Warum musste der Herr Jesus sterben?

5

Das Sterben des Herrn Jesus war lange zuvor vorausgesagt worden und auch der Herr Jesus erklärt es seinen Jüngern nach seiner Auferstehung: Wir Menschen sind durch die Sünde unter der Herrschaft des Teufels und können uns nicht selbst befreien. Wir brauchen einen Retter, der stärker ist als der Teufel und die Strafe für unsere Sündenschuld vor Gott übernimmt. Das konnte nur der Herr Jesus, weil er ohne Sünde ist und als Sohn Gottes allein den Teufel besiegen kann. Deshalb starb er freiwillig an unserer Stelle und gibt uns damit die Möglichkeit, Vergebung unserer Sünden zu bekommen. Der Teufel dachte wohl, er habe den Herrn Jesus besiegt, aber unser Herr hat *„durch den Tod den zunichte gemacht, der die Macht des Todes hat, das ist den Teufel"* und uns damit befreit. Sag ihm danke dafür.

geißelt, gekreuzigt und stirbt am Kreuz

Karfreitag

Hoherpriester

rechts: **Grablegung**
Ölgemälde von Rembrandt van Rijn

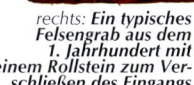

rechts: **Ein typisches Felsengrab aus dem 1. Jahrhundert mit einem Rollstein zum Verschließen des Eingangs**

Jesus Christus begraben

5

Die Jünger waren total durcheinander und verängstigt. Ich kann gut verstehen, dass sie sich versteckt und eingeschlossen haben, weil sie Angst hatten, vielleicht selbst auch gefangen genommen zu werden.

Max: Hätten sie doch bloß geglaubt, was der Herr Jesus ihnen gesagt hatte, dann hätten sie am Grab gewartet, bis er am dritten Tag auferstanden ist.

Tom: Weil sie aber überhaupt nicht damit gerechnet haben, waren sie zuerst schockiert, als die Frauen am Ostermorgen kamen und ihnen die Botschaft brachten, dass er von den Toten auferstanden war! Sie meinten, das sei ein Märchen.

rechts: „Er ist nicht hier, denn er ist auferstanden!" Das Schild an der Innenseite der Grabestür des sog. Gartengrabes in Jerusalem macht die Besucher auf die Tatsache der Auferstehung aufmerksam.

Niko: Klar, das glauben die meisten Menschen bis heute. Aber der Apostel Paulus tritt den Beweis der Auferstehung des Herrn Jesus an im 1. Korintherbrief, Kapitel 15. Dort werden über 500 Augenzeugen genannt, die zur Zeit des Apostels noch zum größten Teil lebten. 40 Tage lang ist der Auferstandene den

HE IS N
FOR HE

Welche Beweise gibt es für die Auferstehung?

links: „Wer wälzt uns den Stein von der Gruft?" Rollstein eines Felsengrabes. Solch ein Stein wog mehrere Tonnen und war zudem von den Römern versiegelt worden.

Der Auferstandene begegnet seinen Jüngern

33 n.Chr.

Ostern 33 n.Chr.
Auferstehung von den Toten

Jesus Christus im Grab

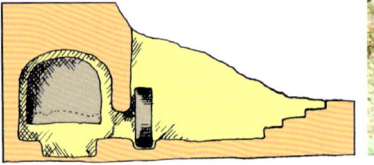

rechts: Querschnitt eines Felsengrabes. Daneben das sog. Gartengrab, die vermutete Begräbnisstätte des Herrn Jesus ganz in der Nähe von Golgatha.

ebt!
auferstanden!

Jüngern erschienen und hat sie aus dem Alten Testament belehrt, wo überall bereits von ihm die Rede war (Lukas 24, 25-27.46-53; Apostelgeschichte 1,1-3).

Max: Und dann hat er doch die beiden Jünger überrascht, die auf dem Weg zu dem kleinen Dorf Emmaus unterwegs waren. Die hatten erst gar nicht gemerkt, wer das war, der da mit ihnen ging.

Was ist eigentlich in Emmaus geschehen?

Lisa: Aber das muss eine super interessante Stunde gewesen sein, als er ihnen aus dem Alten Testament alles erklärte, was über ihn dort bereits geschrieben worden war.

Niko: Das wäre vielleicht mal eine Aufgabe, die wir im Teenykreis angehen könnten: Alle Hinweise im Alten Testament, die uns etwas über den Herrn Jesus, über sein Leiden und Sterben und Auferstehen zeigen ...

Tom: Und nach 40 Tagen ist er dann zu seinem Vater in den Himmel zurückgekehrt. Dabei hat er ihnen gesagt, dass der Heilige Geist kommen würde. Dann sollten sie die Botschaft des Evangeliums in die ganze Welt hinaustragen, damit viele durch den Glauben an den Herrn Jesus gerettet würden und ewiges Leben bekommen könnten (Apostelgeschichte 1,8; Matthäus 28,19-20 und Markus 16,15-16).

Wie war das mit der Himmelfahrt?

Die Himmelfahrt des Herrn Jesus gibt uns die Gewissheit, dass er wiederkommen wird. Das haben die Engel bei der Himmelfahrt den Jüngern versprochen.

Jesu Himmelfahrt

Welche Beweise sprechen für die Auferstehung?

5

In 1. Korinther 15 führt Paulus **7 Beweise** an:
1. Sie ist im Alten Testament vorausgesagt (15,4).
2. Über 500 Augenzeugen haben ihn gesehen (15,6).
3. Er erschien Jakobus, den Aposteln und Paulus vor Damaskus (15,7-8).
4. Ohne Auferstehung ist die christliche Botschaft leer (15,12-13).
5. Ohne Auferstehung würde es keine Sündenvergebung geben. Sie ist Gottes Bestätigung auf das Sterben des Herrn Jesus für unsere Sünden (15,17).
6. Die Auferstehung des Herrn ist der Beweis, dass mit dem Tod nicht alles aus ist. Jeder Mensch wird einmal auferstehen, entweder zum ewigen Leben oder zum ewigen Tod (15,20-28).
7. Die Gewissheit der Auferstehung lässt Christen sogar zu Märtyrern werden (15,29-32).

Jesu Himmelfahrt 33 n.Chr.

rechts: „Sie erkannten ihn am Brechen des Brotes." Ölgemälde von Rembrandt van Rjin, auf dem er die Begebenheit in Emmaus darstellt.

ganz rechts: Blick von Jerusalem auf den nahe gelegenen Ölberg

Die Zeit des Gesetzes endet mit der Verwerfung Jesu durch Israel und der Zerstörung Jerusalems (70 n.Chr).

In der Bibel findest du zu diesem Thema viele Aussagen, zum Beispiel in folgenden Bibelstellen: Apostelgeschichte 2-28; die Briefe des Apostel Paulus

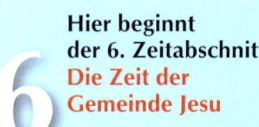

Wer bekommt den Heiligen Geist?

Den Heiligen Geist bekommt jeder, der in echter Buße (Änderung des Sinnes) und Glauben den Herrn Jesus Christus als Retter und Herrn für sich persönlich annimmt und weiß, dass das Sterben Jesu für ihn geschehen ist und seinem Wort, der Bibel, gehorcht. Das kannst du nachlesen in Johannes 3,5-8; Römer 8,9 und Apostelgeschichte 5,32.

Du bekommst also den Heiligen Geist in dem Augenblick, in dem du dich bekehrst, d.h., wenn du dein Leben Jesus bewusst anvertraust und ihn um Vergebung deiner Sünden bittest.

Eine neue Zeit beginnt – die Zeit der Gemeinde

Nach der Himmelfahrt des Herrn Jesus haben die Jünger in Jerusalem darauf gewartet, dass er – wie er ihnen versprochen hatte – den Heiligen Geist senden werde (Apostelgeschichte 1,4; Johannes 14,15-17). Und dann, 10 Tage nach Himmelfahrt am jüdischen Pfingstfest, erfüllte sich sein Versprechen: Sie empfingen an diesem Tag den Heiligen Geist, der bei diesem ersten Mal mit einem Brausen wie bei einem starken Wind und wie Feuerzungen auf jeden von ihnen kam. Dieses einmalige Ereignis nennt die Bibel auch die „Taufe mit dem Heiligen Geist" (Apostelgeschichte 2,1-4).

Was geschah eigentlich Pfingsten?

Lisa: Niko, kannst du mir mal erklären, wer oder was der Heilige Geist eigentlich ist? Viele Leute können da überhaupt nichts mit anfangen, sie halten das für etwas Mystisches oder für irgendeine Kraft.

Niko: Die Bibel sagt uns, dass der Heilige Geist die dritte Person der Gottheit ist.

Max: Ist denn Gott drei Personen oder ist er nur einer?

Niko: Also, Gott ist nur ein Gott. Aber Gott zeigt sich uns Menschen entweder als Vater, als Sohn (also der Herr Jesus) oder eben als Heiliger Geist. Der Vater ist für uns nicht sichtbar, der Heilige Geist

**Pfingsten 33 n.Chr.
Jesus Christus gibt den Glaubenden wie versprochen den Heiligen Geist.**

links: Die Ausgießung des Heiligen Geistes. Zeichnung: Julius Schnorr von Carolsfeld (1860). So sichtbar geschah das Kommen des Heiligen Geistes nur das eine Mal damals zu Pfingsten. Die Bibel nennt dieses damalige Ereignis auch die „Taufe mit dem Heiligen Geist".

Entstehung der Gemeind

links: Modell des Tempels in Jerusalem zur Zeit des Neuen Testaments. In den Säulenhallen des Vorhofs versammelten sich die ersten Christen, um Gottes Wort zu hören. In Privathäusern kam man zum Abendmahl (Brotbrechen) und zum Gebet zusammen.

ist für uns nicht sichtbar, nur der Herr Jesus war, als er als Mensch hier auf der Erde war, für die Menschen sichtbar. Darum fällt es uns Menschen leichter, über den Herrn Jesus nachzudenken als über den Heiligen Geist.

Max: Und wer bekommt heute den Heiligen Geist?

Tom: Jeder, der sich bekehrt, d.h., wer sein Leben dem Herrn Jesus bewusst anvertraut und ihn um Vergebung seiner Sünden bittet.

Lisa: Deshalb begann in diesem Augenblick ein neuer Zeitabschnitt, nicht wahr? Der Herr Jesus ist jetzt im Himmel und sein Stellvertreter, der Heilige Geist, wohnt in denen, die an den Herrn Jesus glauben.

links: **Die Apostel Johannes und Petrus.** rechts: **Markus und Paulus.** *Öl auf Holz, 215 x 76 cm, 1526. Alte Pinakothek, München*

links: **Rekonstruktion des Tempelbezirks in Jerusalem**

Was ist eine Gemeinde?

Für Menschen, die ein Leben mit dem Herrn Jesus angefangen haben, hat Gott die Gemeinde geschaffen.
Sie ist sozusagen die Familie Gottes. Sie besteht aus glaubenden Menschen, denen ihre Sünden durch den Herrn Jesus vergeben sind. Da die Gemeinde Gott bzw. dem Herrn Jesus gehört, leben Christen nach Regeln, die Gott in der Bibel gegeben hat. Das, was Christen miteinander verbindet, ist der gemeinsame Herr und die Liebe untereinander. Daran sind echte Christen zu erkennen.
Gott gibt jedem Christen unterschiedliche Fähigkeiten und Aufgaben, damit die vielen Dinge in der Gemeinde getan werden können. Die verbindliche Grundlage aller Angelegenheiten in der Gemeinde und im Leben der Christen ist die Bibel, das Wort Gottes.
Sie ist zeitlos gültig.
In den Zusammenkünften der Gemeinde kann jeder aus der Bibel lernen. Dafür gibt es die Predigten und Bibelstunden. Beim Abendmahl erinnert man sich daran, was der Herr Jesus für uns getan hat. Außerdem finden Gebetsstunden für das gemeinsame Gebet statt.
Darüber hinaus ist die Gemeinde missionarisch und diakonisch aktiv, damit Menschen geholfen wird und sie die frohe Botschaft erfahren.
Hier einige Bibelstellen dazu: Epheser 1,22; 3,21; Kolosser 1,18; Matthäus 18,20; Apostelgeschichte 2,42 u.a.
Bist du in deiner Gemeinde zu Hause?

Die Dreieinheit Gottes:

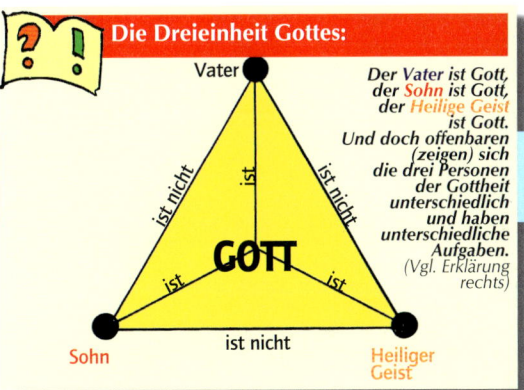

Der Vater ist Gott, der Sohn ist Gott, der Heilige Geist ist Gott. Und doch offenbaren (zeigen) sich die drei Personen der Gottheit unterschiedlich und haben unterschiedliche Aufgaben. (Vgl. Erklärung rechts)

Vater

ist nicht · ist · ist nicht

GOTT

ist · ist nicht · ist

Sohn · ist nicht · Heiliger Geist

Was versteht man eigentlich unter der Dreieinheit Gottes?

6

Die Bibel beschreibt Gott in drei verschiedenen Personen:
Gott, der Vater, **Gott, der Sohn** (Jesus Christus) und **Gott, der Heilige Geist**. Und doch ist Gott **nur einer**, **drei in einem**. Wie kann man das verstehen? Vielleicht hilft folgendes Beispiel: Wasser (H_2O) gibt es in drei verschiedenen Formen (Agregatszuständen): flüssig (Wasser), gasförmig (Wasserdampf) und in fester Form (Eis). Immer ist es der gleiche Stoff (H_2O), und doch ist er völlig verschieden. (Auch wir Menschen sind in einer gewissen Weise eine Dreieinheit: Geist, Seele und Leib. Alle drei Bereiche machen uns Menschen aus.) So ist auch Gott drei in einem: Gott zeigt sich uns Menschen im Neuen Testament in seinem Sohn Jesus Christus. Er wirkt an uns durch den Heiligen Geist und er beschützt uns als Vater.

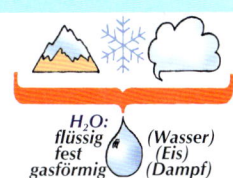

H_2O: flüssig (Wasser) fest (Eis) gasförmig (Dampf)

6 Woran erkennt man, ob ein Mensch den Heiligen Geist hat?

Sichtbar wird das Wirken des Heiligen Geistes an der Veränderung eines Menschen. Die Bibel nennt das die Frucht des Heiligen Geistes: Liebe, Freude, Friede, Langmut, Freundlichkeit, Güte, Treue, Sanftmut, Enthaltsamkeit. Davon kannst du lesen in Galater 5,22 und Matthäus 7,17-20.

Was ist eine neutestamentliche Gemeinde?

Die Gemeinde Jesu besteht aus all denen, die durch den Glauben an den Herrn Jesus Vergebung ihrer Sünden haben. Sie stehen zusammen wie eine Familie und werden deshalb „Brüder" und „Schwestern" genannt. Sie treffen sich, um Gott zu loben, ihn anzubeten und tragen die frohe Botschaft hinaus in die Welt. Sie wollen durch ihr Vorbild auf Jesus Christus hinweisen und ihn ehren.

Niko: Ja, damit hat die Zeit der Gemeinde begonnen. Die Gemeinde ist eine geniale Erfindung Gottes, die der Herr Jesus den Aposteln erst nach der Auferstehung und Himmelfahrt – und hier besonders dem Apostel Paulus – erklärt hat (Epheser 3,4-7). Paulus schreibt, dass es ein Geheimnis Gottes war. Deshalb finden wir im Alten Testament darüber nichts beschrieben.

Warum ist Pfingsten die Geburtsstunde der Gemeinde?

Tom: Ich hab mal eine Zeichnung gesehen, die das anschaulich macht (siehe unten). Alle Prophezeiungen des Alten Testaments waren wie Bergspitzen dargestellt, die die Propheten erkennen konnten, aber manche Dinge – und dazu gehörte das Thema Gemeinde – waren in den Tälern abgebildet. Die kann man nur erkennen, wenn man nah daran ist.

Welche Gemeinde ist die richtige?

Max: Und was ist eine Gemeinde? Es gibt heute so viele Kirchen, Freikirchen, Gemeinschaften und Sekten. Welche ist denn die richtige?

Tom: Dazu müsste man sich erst Gedanken machen, was denn das Besondere an der Gemeinde ist, wie Gott sie sich vorstellt.

Was ist das Besondere an der Gemeinde Jesu?

Lisa: Also, ich finde, Gemeinde ist die größte Erfindung Gottes überhaupt! Bevor Gott die Welt geschaffen hat, hatte er schon die Gemeinde geplant (Epheser 1,4). Ich hab gelesen, dass der Herr Jesus sie mit seinem Blut erworben hat (Apostelgeschichte 20,28). Damit gehört sie ihm. Er ist sozusagen der Hausherr der Gemeinde. Er hat einmal gesagt, dass er seine Gemeinde bauen werde (Matthäus 16,18). Das heißt doch, dass wir immer danach fragen sollten, wie er die Gemeinde haben will.

Wer gehört zur Gemeinde Jesu?

Max: Und wer gehört dazu? Jeder, der will?

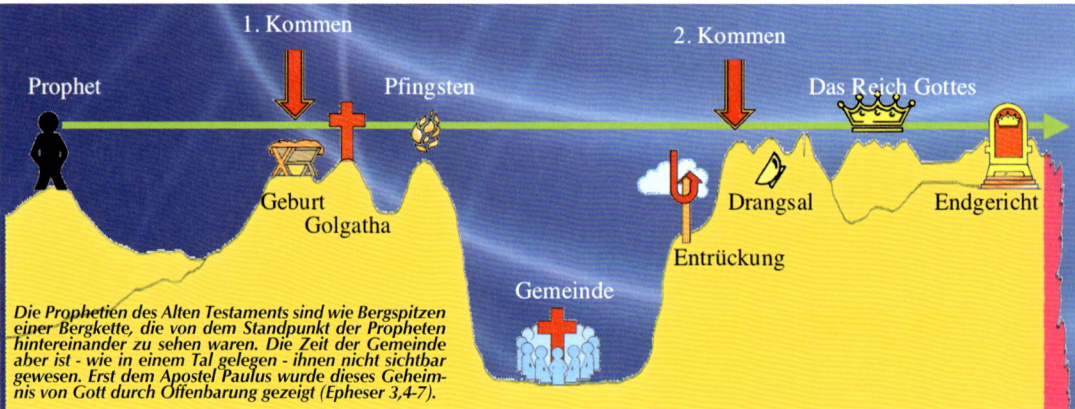

Die Prophetien des Alten Testaments sind wie Bergspitzen einer Bergkette, die von dem Standpunkt der Propheten hintereinander zu sehen zu waren. Die Zeit der Gemeinde aber ist - wie in einem Tal gelegen - ihnen nicht sichtbar gewesen. Erst dem Apostel Paulus wurde dieses Geheimnis von Gott durch Offenbarung gezeigt (Epheser 3,4-7).

Tom: Nein, in einer Gemeinde wird man nicht Mitglied wie in einem Verein. Es gehören diejenigen dazu, die um die Vergebung ihrer Sünden wissen, die also dem Herrn Jesus im Gebet ihre Sünden bekannt haben und dankbar angenommen haben, dass er für sie am Kreuz gestorben ist. Damit ist Jesus Christus ihr Herr geworden, sie gehorchen ihm und werden das tun wollen, was er möchte. Das lesen wir in der Bibel. Jeder, der an ihn glaubt, bekommt Vergebung seiner Sünden (1. Johannes 1,9), ewiges Leben (Johannes 3,16), den Heiligen Geist (Apostelgeschichte 5,32) und gehört zur Gemeinde.

Niko: Ja, Gemeinde ist keine Organisation, sondern mehr so etwas wie ein Organismus. Deshalb spricht die Bibel von „Gemeindegliedern", das erinnert an einen Körper, oder sie spricht von „Brüdern" und „Schwestern". Das lässt uns an eine Familie denken.

Lisa: Das find ich schön. In unserer Gemeinde fühl ich mich tatsächlich wie in einer Familie und ich freu mich, dass ich dazu gehören darf.

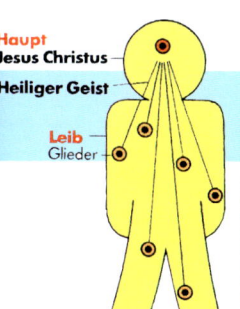

Haupt
Jesus Christus
Heiliger Geist

Leib
Glieder

links: Gemeinde ist ein Organismus wie der Körper eines Menschen: Vom Kopf, dem Haupt, gehen alle Impulse für die Glieder aus. Die Gemeinde wird in der Bibel mit einem Leib und seinen Gliedern verglichen, der durch den Heiligen Geist vom Haupt (Jesus Christus) gesteuert wird.

Max: Kümmert sich Gott jetzt gar nicht mehr um Israel? Das war doch mal sein Volk, das er ausgewählt hatte.

Niko: Das ist ein wichtiges Thema. Darauf geht Paulus in Römer 9 ausführlich ein. Dort sagt er, dass während der Zeit der Gemeinde Israel beiseite gesetzt sei, dass Gott aber danach wieder mit Israel handeln werde und alle alttestamentlichen Verheißungen erfüllen wird. Deshalb müssen wir die Aussagen für die Gemeinde und die Verheißungen, die für Israel sind, immer auseinander halten.

Was unterscheidet die Gemeinde von Israel?

Achte auf die Unterschiede: Gegenüberstellung Israel und Gemeinde		
	Israel	**Gemeinde**
Auserwählung	Von Grundlegung der Welt an (Mt 25,34)	**Vor** Grundlegung der Welt (Eph 1,4)
Die Art	In Knechtschaft (Gal 4,1-3)	In Freiheit (Gal 5,1)
Die Segnungen	Irdisch (z.B. 2Mo 15,26)	Himmlisch (Eph 1,3)
Das Evangelium	Ev. des Reiches (Lk 4,43; 16,16)	Ev. von Jesus (Ap 8,35; 20,24; 5,23; u.a)
König/Haupt	Gott (2Mo 15,18; 1Sam 8,7)	Jesus Christus (Eph 1,22; 4,15; 5,23)
Beginn	In Abraham (1Mo 12)	In Christus (Eph 3,11)
Zeitraum auf Erden	Von Abr - Verwerfung Christi + 1000j.Reich	Von Pfingsten - Entrückung
Wer gehört dazu?	Durch natürliche Geburt (Kinder Abr.)	Durch Wiedergeburt (Kinder Gottes) Joh 1
Das Bürgertum	Auf der Erde	Im Himmel (Phil 3,20)
Das Priestertum	Stamm Levi (Jos 18,7; 2Mo 29,9)	Allgemeines Priestertum (1Petr 2,5.9)
Der Auftrag	Zeugnisträger Gottes (5Mo 7,6; 18,18)	Anbetung (Joh 4,33) Verkünd. (1Petr 2,9)
Die Hauptstadt	Das irdische Jerusalem (Jer 3,17)	Das himml.Jerusalem (Hebr 12,22; Off 21,2)
Das Erbteil	Das irdische Reich	Im Himmel (1Petr 1,4)
Das nächste Ereignis	Drangsal u. Kommen Jesu in Macht	Entrückung (1Thes 4,16-17; 1Kor 15,50)
Die Zukunft	Königreich auf Erden (Dan 12,13)	Allezeit bei dem Herrn
		(Phil 1,23; 3,20; 1Thes 4,13)

Was kennzeichnet eine biblische Gemeinde?

6

Nach Apostelgeschichte 4,42 kamen die ersten Christen zusammen, um
1. auf Gottes Wort zu hören (Lehre der Apostel),

2. Gemeinschaft mit Gott und untereinander zu haben,

3. sich beim Abendmahl (Brotbrechen) an das Leiden, Sterben und Auferstehen des Herrn Jesus zu erinnern und

4. um gemeinsam zu beten, Gott zu danken und ihm alle Anliegen im Gebet zu sagen.

Bist du bei diesen Stunden deiner Gemeinde auch dabei?

In der Bibel findest du zu diesem Thema viele Aussagen, zum Beispiel in folgenden Bibelstellen: Apostelgeschichte 1-28; die Briefe des Apostel Paulus.

Der Auftrag der Mission: „Geht in alle Welt!"

Als der Herr Jesus an Himmelfahrt von seinen Jüngern Abschied nahm, gab er ihnen den Auftrag: *„Geht hin in die ganze Welt und predigt das Evangelium der ganzen Schöpfung. Wer gläubig geworden und getauft worden ist, wird errettet werden, wer aber nicht gläubig geworden ist, wird verdammt werden"* (Markus 16,15-16). Außerdem hatte er versprochen: *„Aber ihr werdet Kraft empfangen, wenn der Heilige Geist auf euch gekommen ist; und ihr werdet meine Zeugen sein, sowohl in Jerusalem als auch in ganz Judäa und Samaria und bis ans Ende der Erde"* (Apostelgeschichte 1,8). Dieser Auftrag gilt bis heute.

Jerusalem

Samaria

bis ans Ende der Welt

> **Welchen Auftrag gab der Herr Jesus den Jüngern?**

Max: Aber das haben die Jünger nicht sofort getan, oder? Die sind doch erst nur in Jerusalem geblieben!

Niko: Das ist richtig. Wenn Gott nicht eine starke Verfolgung zugelassen hätte, hätten sie sich wohl nicht auf den Weg gemacht.

Lisa: Es ist ja auch heute viel bequemer, in der Gemeinde sich bedienen zu lassen, als selbst unterwegs zu sein, und die Botschaft vom Herrn Jesus weiterzusagen …

> **Wen gebraucht Gott, um das Evangelium weiter zu sagen?**

Max: Willst du damit sagen, dass wir auch Missionare werden sollen? Dazu muss man doch predigen können.

Tom: Der Herr Jesus hat meis-

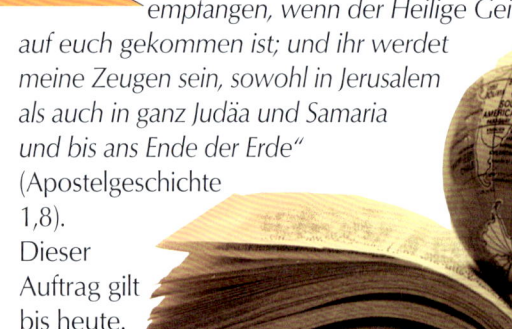

> **Was kennzeichnete die Zeit der ersten Missionsreisen?**

Gott gebrauchte die Zeit der größten Ausdehnung des römischen Reiches zur Ausbreitung der Frohen Botschaft. Zur Zeit der Apostel war es möglich, im gesamten Mittelmeerraum ungehindert zu reisen und durch die einheitliche Verkehrssprache Griechisch und die Amtssprache Latein alle Menschen zu erreichen.

---

33 n.Chr. Pfingsten
34 ? Bekehrung des Paulus
44 Hinrichtung des Jakobus **49 Apostelkon**
47 Paulus' 1. Missionsreise **49-**

Tiberius 14-37 n.Chr. **37-41 Caligula** **41-54 Claudius**

Unten die römischen Kaiser des 1. Jahrhunderts

Gajus Julius Cäsar, 100-44 v.Chr. Von Brutus u. Cassius ermordet.

Augustus, 27 v.Chr.- 14 n.Chr., Kaiser z.Zt. der Geburt Jesu Lukas 2,1

Tiberius, 14-37 n.Chr., Kaiser z.Zt. der Kreuzigung

Gajus-Caligula, 37-41 n.Chr.

Claudius, 41-54 n.Chr., Judenvertreibung aus Rom. Apg 11,28; 18,2

MAZEDONIEN · Philippi · Troas · Assos · Mitylene · **KLEINASIEN** · Ephesus · Korinth · **GRIECHENLAND** · Samos · Milet · Patara · **RHODOS** · **ZYPERN** · **KRETA** · Antiochien · Tyrus · **MITTELMEER** · Cäsarea · Jerusalem · **AFRIKA**

Die dritte Missionsreise des Apostel Paulus

Der Apostel Paulus besuchte auf seinen Missionsreisen vor allem die Provinz- und Landeshauptstädte, damit sich von dort aus die Botschaft des Evangeliums in die umliegenden Gegenden ausbreitete. Dabei besuchte er zuerst immer - wenn vorhanden - die Synagoge vor Ort. Erst, wenn er von seiten der Juden abgelehnt oder sogar verfolgt wurde, wandte er sich an die Bewohner des jeweiligen Landes.
Den Juden argumentierte er von den Aussagen des Alten Testaments her, dass der versprochene Retter (Messias) der Herr Jesus ist. Bei den Heiden zeigte er den Jesus als den Kyrius, den Herrn, den Herrscher und Gebieter.

tens ganz einfache Menschen gebraucht, um anderen das Evangelium zu sagen.

Lisa: Ja, ich glaube, das Wichtigste ist ein brennendes Herz für den Herrn Jesus und für die verlorenen Menschen!

Max: Aber dann hat er doch einen besonderen Missionar gebraucht. Den Apostel Paulus.

Niko: Ja, seine Bekehrung ist ja geradezu sprichwörtlich geworden: „Vom Saulus zum Paulus". Er war gelernter Zeltmacher von Beruf und hatte dann Theologie bei dem damals berühmtesten Schriftgelehrten Gamaliel

Wer war Paulus und wie kam er zum Glauben?

studiert. Er hatte zuerst die Christen in Israel und Umgebung verfolgt, weil er meinte, dass sie eine falsche Lehre über Gott hätten. Aber dann begegnete ihm der auferstandene Herr vor den Toren von Damaskus. Und da verstand er, dass der Herr Jesus wirklich der wahre Messias ist. Von da ab ist er ihm ganz konsequent gefolgt und wohl der eifrigste Missionar geworden.

Die Bekehrung des Saulus
Zeichnung: Schnorr von Carolsfeld, 1860

Jerusalem
aulus' 2. Missionsreise
4-68 Nero
56 Gefangennahme des Paulus
52-56 Paulus' 3. Missionsreise
58-59 Paulus' Reise nach Rom
64 Christenverfolgung in Rom
69-79 Vespasian

Nero, 54-68 n.Chr., grausamer Despot. Apg 25,11; Röm 13

Vespasian, 69-79 n.Chr., z.Zt. der Zerstörung Jerusalems durch seinen Sohn Titus

Titus, 79-81 n.Chr., Feldherr und Zerstörer Jerusalems im Jahr 70

Domitian, 81-96 n.Chr., jüngerer Bruder des Titus, Despot

Münze (Lepton) des Herodes Agrippa, Statthalter in Judäa z.Zt. des Apostel Paulus

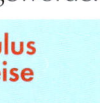

6

Wo ist der Apostel Paulus überall gewesen?

Die **1. Missionsreise** führte ihn mit Barnabas über Zypern nach Kleinasien, die heutige Türkei.

Auf der **2. Missionsreise** durchzog er auf dem Landweg Kleinasien und wurde von Gott dann nach Griechenland gesandt. Bei dieser Reise nahm er Silas und Timotheus mit.

Auf der **3. Reise** wiederholte er zum Teil die 2. Route, hielt sich aber in einzelnen Orten länger auf, um die jungen Gemeinden zu festigen.

Dann wurde er in Jerusalem gefangen genommen und nach einer Haftzeit in Cäsaräa nach Rom überführt.

Lisa: Paulus hat mehrere Missionsreisen gemacht, und in vielen Städten sind Gemeinden entstanden. Davon lesen wir in der spannenden Apostelgeschichte. Da wird von dem Aufstand eines Silberschmieds in Ephesus berichtet, wie Paulus zusammengeschlagen wurde in Ikonium, wie die Leute ihn in Athen auf dem Areopag zur Rede stellten, wie er in Philippi ins Gefängnis kam, wie er in Jerusalem in römische Schutzhaft genommen wurde, um ihn vor der aufgebrachten Menge zu schützen, und dann die turbulente Schiffsreise nach Rom ...

Niko: Ich glaube, Mission ist immer spannend, nicht nur wegen der Abenteuer, sondern besonders, weil man da hautnah erlebt, wie Gott Menschen errettet und verändert.

Wie kann heute Mission geschehen?

Tom: Sollten wir nicht mal überlegen, wie wir die Botschaft vom Herrn Jesus weitergeben können?

Ephesus

Korinth

Athen

Rom

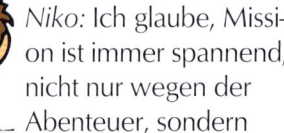

Thessalonich

Max: Ich kann zwar nicht predigen, aber ich könnte jedem in meiner Klasse die Kinderhefte aus der Jungschar mitbringen. Wenigstens denen, die nicht ablehnen und mich auslachen werden ...

Lisa: ... und ich könnte in der Schule fragen, ob wir nicht einen Schülergebetskreis machen dürfen.

Wie könnten wir in der Schule von Jesus weitersagen?

Tom: Das fänd ich super! Da könnten wir nicht nur für unsere Klassenkameraden und Lehrer beten, sondern auch für die vielen Kinder in dieser Welt, die noch nie was von dem Herrn Jesus gehört haben ...

Lisa: Wir könnten in der Jungschar eine Weltkarte aufhängen, auf der wir die Länder kennzeichnen, wo Missionare sind, die wir kennen.

Max: Dann sollten wir aber auch den Missionaren oder vielleicht deren Kindern regelmäßig von der Jungschar schreiben, was wir so machen. Ich glaub, die würden sich riesig freuen und uns schreiben, was sie erleben.

Alle Menschen sollen von dem Herr Jesus hören, um die Möglichkeit zu bekommen, Vergebung ihrer Sünden zu finden. Bete für die vielen Kinder in dieser Welt und für die Missionare, die ihnen das Evangelium bringen.

33 n.Chr. Pfingsten
34 ? Bekehrung des Paulus
44 Hinrichtung des Jakobus   **49 Apostelkon**
47 Paulus' 1. Missionsreise   **49-**
Tiberius 14-37 n.Chr.   37-41 Caligula   41-54 Claudius

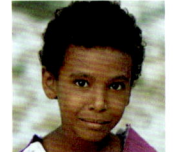

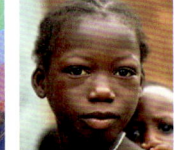

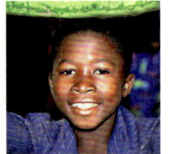

Was unternimmst du konkret? Für wen betest du?

Tom: Wir sollten, wir sollten, wir sollten! Jetzt werden wir mal konkret: Wer übernimmt was?

Lisa: Also ich kümmer mich um die Missionarskinder, ich besorg die Adressen und schreib ihnen mit meiner Freundin jeden Monat einen Brief und zu ihrem Geburtstag schicken wir ihnen ein kleines Geschenk.

Max: Ich bastel eine Missionssparddose für die Jungschar, in der wir für die Missionare sammeln.

Niko: Ich frag den Direx wegen des Schülergebetskreises und schreib ein paar Einladungen, die wir in der Schule verteilen können.

Tom: Okay, dann besorg ich die Missionskarte und trag die uns bekannten Missionare ein.

Lisa: Das waren jetzt alles Sachen, wo wir denen helfen, die missionieren. Aber wo missionieren wir? Sollten wir uns nicht regelmäßig treffen und Traktate in der Fußgängerzone verteilen?

Max: Dann mach ich, was ich eben vorgeschlagen habe: Ich nehm meinen Klassenkameraden die Jungscharhefte mit. Bin tatsächlich gespannt, wie die reagieren werden.

Nilko: Prima: Mission fängt nämlich vor unserer Haustür an!

Der Herr Jesus sagt:

„Geht nun hin und macht alle Nationen zu Jüngern, indem ihr sie tauft auf den Namen des Vaters und des Sohnes und des Heiligen Geistes, und sie lehrt, alles zu bewahren, was ich euch geboten habe! Und siehe, ich bin bei euch alle Tage bis zur Vollendung des Zeitalters.“ Matthäus 28,19-20

Wie wird unser Glaube praktisch?

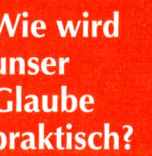

Wo kann man sich missionarisch einsetzen?

6

Überleg einmal, wo sich Gelegenheiten ergeben, von dem Herrn Jesus zu erzählen. In der Familie, in der Schule, bei Freunden, in der Stadt. Bete um Mut und um viel Liebe zu den Menschen. Denk daran, dass sie verloren gehen, wenn sie nicht die Botschaft hören und sich bekehren. Es gibt auch viele missionarische Freizeiten und Einsätze, bei denen man mithelfen kann, bei Kinderwochen und Jungscharfreizeiten. Im Team fällt es oft leichter, von dem Herrn Jesus weiterzusagen.
„Und es ist in keinem anderen das Heil; denn auch kein anderer Name unter dem Himmel ist den Menschen gegeben, in dem wir gerettet werden müssen“ (Apostelgeschichte 4,12).

Jerusalem · aulus' 2. Missionsreise · 4-68 Nero · 56 Gefangennahme des Paulus · 52-56 Paulus' 3. Missionsreise · 58-59 Paulus' Reise nach Rom · 64 Christenverfolgung in Rom · 69-79 Vespasian

Welche Möglichkeiten kennst du, das Evangelium in deinem Ort bekannt zu machen? Bete dafür und überlege, wem du die Botschaft vom Herrn Jesus weitersagen kannst.

Ein Gang durch die Kirchengeschichte

Wie ging das eigentlich weiter mit der Missionierung und den ersten Gemeinden? Steht davon noch was in der Bibel?

Die Orte der sieben Sendschreiben

Wie ist das eigentlich nach der Apostelge-schichte wei-tergegangen?

In der Bibel findest du zu diesem Thema viele Aussagen, zum Beispiel in folgenden Bibelstellen: Offenbarung 2-3

Was geschah bei der Zerstörung Jerusalems?

Da sich verschiedene Gruppen in Israel gegen die Besatzungsmacht der Römer empört hatten, ließ Kaiser Vespasian unter dem Feldherrn Titus Jerusalem angreifen. Wie der Geschichtsschreiber Josephus beschreibt, ging dabei auch der Tempel in Flammen auf. Die Voraussagen des Herrn Jesus in Matthäus 24,2 erfüllten sich buchstäblich: Nicht ein Stein blieb auf dem anderen!

Niko: Nun, ein wenig kann man aus den verschiedenen Briefen des Neuen Testaments entnehmen, weiteres aus der Kirchengeschichte, die von den Kirchenvätern der ersten Jahrhunderte aufgeschrieben wurde, und ein weiterer Teil aus der allgemeinen Weltgeschichte.

Lisa: Was ist denn mit den so genannten Sendschreiben, die in den ersten Kapiteln der Offenbarung stehen. Ich hab mal gehört, dass sie prophetisch die ganze Kirchengeschichte bis heute beschreiben würden. Ist da was dran?

Tom: Der Apostel Johannes, der das Buch der Offenbarung niedergeschrieben hat, bekam

Relief am Titusbogen in Rom. Es stellt die Eroberung Jerusalems im Jahr 70 durch Titus dar. Erbeutete Trophäe ist der siebenarmige Leuchter aus dem jüdischen Tempel.

Damit wurden die Voraussagen des Herrn Jesus in Matthäus 24,2 buchstäblich erfüllt. Die Juden wurden unter alle Völker zerstreut. Die Zeit der Gemeinde begann.

70 n.Chr. Zerstörung Jerusalems
95 n.Chr. Johannes auf Patmos
79-81 Titus   81-96 Domitian

Damit endete auch sichtbar der 5. Zeitabschnitt (Gesetz).
Die Juden wurden unter die Völker zerstreut (5. Mose 28,64-67; Daniel 9,26).

rechts: Die sieben Orte, an deren Gemeinden die sogenannten Sendschreiben gerichtet waren: Ephesus, Smyrna, Pergamon, Thyatira, Sardes, Philadelphia, Laodizea

Ephesus

Smyrna

Pergamon

Was sind die Gemeinden der 7 Sendschreiben?

von dem Herrn Jesus den Auftrag, an sieben Gemeinden in Kleinasien zu schreiben, die durch ein Straßennetz miteinander verbunden waren. In diesen Briefen geht Gottes Wort auf die konkreten Ereignisse und Probleme der sieben Gemeinden ein, warnt und macht Mut, zu ihm zurückzukehren. Da es dort noch mehr Gemeinden gab (die aber nicht angeschrieben wurden), haben viele Christen angenommen, dass die Auswahl dieser sieben Briefe an diese Gemeinden auch symbolischen Charakter haben könnte. Und tatsächlich kann man, wenn man im Nachhinein die Kirchengeschichte ansieht, bestimmte

Parallelen der Probleme und Situationen entdecken, die in den verschiedenen Zeitperioden der Geschichte dem Zustand der jeweiligen Gemeinden damals ähneln.

Niko: Man kann also sagen, dass die sieben Sendschreiben 1. Briefe an tatsächliche Gemeinden sind,

2. jeder Brief eine historische Epoche der Kirchengeschichte beschreibt, und 3. damit sieben Typen von Gemeinden geschildert werden, die wir auch heute vorfinden können: missionarische, diakonische, aktive, gefährdete, verfolgte, aber auch träge oder gleichgültige.

Was können wir aus der Geschichte lernen?

Worauf könnten sich die 7 Sendschreiben beziehen?

1. **Ephesus** ist charakteristisch für die Zeit von 33-100 n.Chr. z.Zt. der Apostel
2. **Smyrna** steht für die Gemeinden um 100-313 n.Chr.: die verfolgte Gemeinde
3. **Pergamon**: die Zeit, in der das Christentum Staatsreligion wurde: 313-600 n.Chr.
4. **Thyatira** charakterisiert die Gemeinde des Mittelalters 600-1517 n.Chr.
5. **Sardes** ähnelt der Zeit der Reformation 1517-1648 n.Chr.
6. **Philadelphia** zeigt die Gemeinde der Mission und Erweckung von 1648-1900 n.Chr.
7. **Laodizea** gleicht den Gemeinden des Abfalls ab 1900 n.Chr.

Thyatira

Sardes

Philadelphia

Laodizea

Was ist die Reformation?

Reformieren bedeutet erneuern. Der Mönch Martin Luther (1483-1546) erkannte den verdorbenen Zustand der Kirche und machte den Menschen bewusst, dass sie zur Bibel und damit zur Errettung durch die Gnade Gottes zurückkehren mussten. Er übersetzte die lateinische Bibel in ein für alle verständliches Deutsch, damit jeder die Bibel selbst lesen und verstehen konnte. Das führte zur Erneuerung (Reformation) der Bevölkerung. Weitere Wegbereiter waren die Schweizer Huldrych Zwingli (1484-1531) und Joh. Calvin (1509-1564).

H. Zwingli   J. Calvin

Was geschah in den nun bald 2000 Jahren?

Max: Immerhin sind ja bis jetzt fast 2000 Jahre seit damals vergangen. Ich hab den Eindruck, dass die Menschen heute sehr wenig nach Gott fragen und sich kaum dafür interessieren, was Gott mit ihnen vorhat. War das immer so?

Lisa: Nein. Das war ganz unterschiedlich. Es hat Zeiten gegeben, da haben die Menschen nur nach religiösen Gebräuchen gelebt, sich aber nicht wirklich für Gott interessiert. Dann wieder gab es Zeiten, in denen ein starkes Fragen nach dem Willen Gottes vorhanden war. Ich lese gerade ein Buch über die Zeit der Reformation durch Martin Luther.

Max: Ich hab einen Film über Luther gesehen. Das war spannend, wie Luther für den Glauben einge-

Martin Luther schlägt die 95 Thesen an die Türe der Schloßkirche zu Wittenberg. Damit beginnt die Reformation.

standen ist. Und wir können Gott danken, dass Luther die Bibel ins Deutsche übersetzt hat, so dass alle sie lesen konnten.

Tom: Aber dann zur Zeit des Barock und des Rokoko dachten die meisten Menschen wieder nur an sich selbst und an ein egoistisches, prunkvolles Leben.

Niko: Und doch gab es zu allen Zeiten Menschen, die die frohe Botschaft vom Herrn Jesus weitergesagt haben. Denken wir an die Männer wie Wesley, Whitefield, Spurgeon oder Zinzendorf!

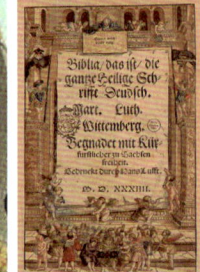

oben:
Titelblatt der ersten Lutherbibel. Sie ermöglichte jedem Menschen, die Bibel in verständlichem Deutsch zu lesen.

33-100 n.Chr. Zeit der Apostel	100-313 n.Chr. Verfolgte Gemeinde	313-600 n.Chr. Staatsreligion	600-1517 n.Chr. Mittelalter	1517-1648 Reformation
Christenverfolgungen		Kaiser Konstantin	800 Kaiser Karl d.Gr.	Kaiser Karl

links:
Jan Hus (1372-1413) war ein Wegbereiter der Reformation. Er starb auf dem Scheiterhaufen.

links:
Die Brüder John Wesley (1703-1791) und Charles Wesley (1707-1788) waren Erweckungsprediger in England.

links:
Nikolaus Graf von Zinzendorf (1700-1760), Begründer der missionarischen Herrnhuter Brüdergemeine

links:
Charles H. Spurgeon (1831-1892), Erweckungsprediger in England

Was, wenn er heute käme?

Lisa: Und gerade diese Prediger haben immer wieder davon gesprochen und daran erinnert, dass der Herr Jesus versprochen hat, wieder zu kommen, um die, die an ihn glauben, zu sich zu holen in seine Herrlichkeit. Das nennt die Bibel „Entrückung", glaub ich.

Was ist das denn: die Entrückung?

Max: Was ist das denn? Das ist aber ein seltsames Wort ...

Niko: Ja, Paulus schreibt davon im 1. Thessalonicherbrief, Kapitel 4. Da wird gesagt, dass es einen Tag geben wird, an dem der Herr Jesus vom Himmel her bis in die Wolken kommen wird. Bei dem Schall einer Posaune werden zuerst diejenigen von den Toten auferstehen, die als an Jesus Gläubige in den vergangenen Jahrhunderten gestorben sind. Dann werden sie zusammen mit den noch lebenden Gläubigen in die Herrlichkeit des Herrn Jesus emporgeholt, also von der Erde weggerückt. Und das kann jeden Augenblick passieren.

Wann geschieht die Entrückung?

Lisa: Das wird prima sein! Da freu ich mich total drauf! Ich wünschte, das wär schon heute!

Tom: Schön wärs ja! Ich glaub, der Herr Jesus hat deshalb keinen Termin für dieses Ereignis genannt, damit wir immer bereit sind und immer alles in Ordnung haben! Puuh ...

Jesus kommt in die Wolken →

und holt die Glaubenden zu sich in die Herrlichkeit →

Entrückung

Was ist die Entrückung und wer erlebt sie?

In 1. Thessalonicher 4 beschreibt der Apostel Paulus ausführlich dieses Ereignis. Nur die, die um die Vergebung ihrer Sünden wissen, werden dabei sein und zu ihm in die Herrlichkeit geholt. Deshalb ist es so wichtig, dass wir davon weitererzählen, damit noch viele gerettet werden.

In der Bibel findest du zu diesem Thema viele Aussagen, zum Beispiel in folgenden Bibelstellen:
1. Thessalonicher 4,13-18;
Offenbarung 4,1;
Johannes 14,1-3

1648-1900 n.Chr.
Mission und Erweckung

ab 1900 n.Chr.
Gegenwart

Heute

Entrückung
? n.Chr.

30-jähr. Krieg   **1740-86 Friedr.II d.Gr.**

links:
Hudson Taylor (1832-1905), China-missionar

links:
Georg Müller (1805-1898), Waisenvater von Bristol

links:
Friedr. von Bodelschwingh (1831-1910), Begründer der Pflegeanstalten Bethel

Die Zeit der Gemeinde endet mit der Entrückung der Gläubigen.

7

Der Herr Jesus wird schon bald wiederkommen. Freust du dich darauf?

84

III. Zeitalter:
Das zukünftige Zeitalter

7. Die Zeit des Tausendjährigen Reiches

7

In der Bibel findest du zu diesem Thema viele Aussagen, zum Beispiel in folgenden Bibelstellen:
Offenbarung 7-19;
2. Thessalonicher 2;
2. Petrus 3;
Daniel 9,27; 12,1;
Jeremia 30,7;
Matthäus 24,21

Was ist die große Drangsal oder Trübsal?

Gott hatte seinem Volk Israel schon bei der Gesetzgebung gesagt, dass er sie segnen würde, wenn sie ihm gehorchen würden. Er würde sie aber strafen, wenn sie ungehorsam seien und ihn verwerfen würden. Diese Gerichte werden furchtbare Auswirkungen für alle Menschen haben.

Eine Zeit furchtbarer Katastrophen

Was passiert nach der Entrückung der Gläubigen?

Und was passiert, wenn die Gläubigen plötzlich weg sind von der Erde? Das muss doch ein Chaos geben. Stellt euch vor: da fehlt der Lokführer oder der Pilot ...

Lisa: Oder wir fehlen in unserer Schulklasse. Na, die werden Augen machen!

Tom: Aber deshalb ist es ja so wichtig, dass wir den anderen vom Herrn Jesus weitersagen. Danach wird – so sagt uns Gott in seinem Wort – eine schreckliche Zeit kommen: Naturkatastrophen in bisher nicht gekannten Ausmaßen, Tsunamis, Erdbeben und gewaltige Erschütterungen des Kosmos. Das sind die Gerichte, die Gott in drei Wellen über die Erde bringen wird. Davon berichtet das Buch der Offenbarung in der Bibel ausführlich.

Niko: So wie Gott versprochen hat, wird er – nachdem die Zeit der Gemeinde beendet ist – seine Pläne mit dem Volk Israel zu Ende führen. Doch weil die Menschen nicht auf sein Wort hören und auch durch die furchtbaren

Katastrophen nicht wach werden, schickt Gott *„eine wirksame Kraft des Irrwahns"* (2Thes 2,11), dass sie dem so genannten Antichristen glauben werden. Das ist ein Machthaber, der vom Teufel gesteuert ist und alle Menschen in seinen Bann ziehen wird. Er strebt die Weltherrschaft an und lässt sich im Tempel in Jerusalem als Gott verehren. Paulus schreibt davon in 2. Thessalonicher 2.

Wer ist der so genannte Antichrist?

Max: Da bin ich aber froh, dass die Erretteten zu diesem Zeitpunkt schon beim Herrn Jesus sind!

Niko: Ja, aber in dem entscheidenden Augenblick, wenn der *„Sohn des Verderbens"* (2Thes 2,3) bei Harmagedon gegen die kämpfen wird, die ihn nicht akzeptieren, sondern auf den wirklichen Retter, den Messias, warten, wird der Herr Jesus wiederkommen *„in Macht und Herrlichkeit"* mitsamt den vorher entrückten Gläubigen. Dann wird er den Antichristen und alle seine Helfershelfer vernichten!

Der Herr Jesus kommt in Macht und Herrlichkeit auf die Erde zurück

Die Siegelgerichte   Die Posaunengerichte   Die Schalengerichte

Der Antichrist

Schlacht bei Harmagedon

Die Zeit der großen Drangsal und Katastrophen

Das Buch der Offenbarung schildert die zukünftigen Ereignisse mit dem Bild einer Buchrolle, die mit sieben Siegeln verschlossen ist. Beim Öffnen der einzelnen Siegel kommen Gottes Gerichte über die Erde.

Die göttlichen Katastrophen, die die Erde treffen werden, kommen in drei Wellen: 7 Siegelgerichte, 7 Posaunengerichte und 7 Schalengerichte. Da mit denen, die an den Herrn Jesus geglaubt haben, auch der Heilige Geist von der Erde genommen ist, kann der Teufel die Menschen ungehindert verführen. Nur eine kleine Schar von 144000 Menschen wird dem Antichristen nicht glauben.

links: Die Jesreel-Ebene bei Megiddo (= Harmagedon), Schauplatz der furchtbaren Schlacht der Völker und des Antichristen gegen Gott (Offenbarung 16,16)

Jesus kommt wieder!
Ein Reich des Friedens

7

"Jesus Christus ist der Sieger über Hölle, Tod und Teufel. Darum wähl ich ihn!" Kennt ihr das Lied? Ich find es prima, dass nach all den schrecklichen Dingen, die noch auf der Erde geschehen werden, der Herr Jesus, der am Kreuz für uns gestorben ist, am Ende der verdiente Sieger ist.

Was geschieht, wenn der Herr Jesus wieder-kommt?

Tom: Ja, er hat mit seinem Sterben auf Golgatha den Teufel besiegt. Die ganzen Anstrengungen des Teufels, die Menschen weiter zu verführen, sind im Grunde nur Rückzugsgefechte. Aber wenn der Herr Jesus auf die Erde kommen wird, vernichtet er nicht nur den Antichristen und sein Gefolge, er wird auch den Teufel für 1000 Jahre festbinden, damit er nicht mehr sein Unwesen treiben kann. Das hab ich in Offenbarung 20,1-3 gelesen.

Max: Mensch, das muss prima sein. Stellt euch vor: ein Leben im Frieden, ohne Kriege, ohne Katastro-

Was geschieht, wenn der Herr Jesus wieder-kommt?

phen, ohne Kriminalität, ohne Verführungen zur Sünde. Das ist ja schon fast der Himmel auf Erden. Da müssen doch alle Leute, die in diesem Reich des Herrn Jesus leben, total glückliche Menschen sein, oder?

Tom: Aber am Ende der 1000 herrlichen Jahre prüft der Herr Jesus die Menschen noch einmal: Er lässt für kurze Zeit den Teufel noch mal frei. Und tatsächlich verführt er die Völker wieder und sie versammeln sich gegen Jerusalem und gegen den Herrn Jesus. Das ist unbegreiflich, aber es macht das Herz von uns Menschen deutlich. Es bleibt ungehorsam gegen Gott, wenn wir nicht Buße tun und um Vergebung bitten. So wird der Herr Jesus als Richter das große Endgericht durchführen. Hier geht es dann um ewige Herrlichkeit oder ewige Gottesferne.

In der Bibel findest du zu diesem Thema viele Aussagen, zum Beispiel in folgenden Bibelstellen: Sacharja 14,16-21; Jesaja 11; 60-66; Offenbarung 20-22; Epheser 1,9-10; Daniel 7,27; 1. Korinther 15,28; 2. Petrus 3,7

Die Zeit des 1000-jährigen Reiches endet mit dem Endgericht aller Menschen am weißen Thron.

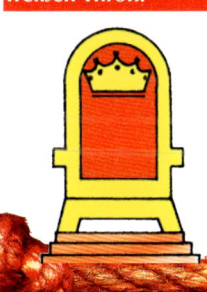

Der Herr Jesus herrscht als König in einem 1000-jährigen Friedensreich über alle Völker

Das sog. 1000-jährige Reich **Hauptstadt Jerusalem** **Die letzte Aufstand der Menschheit** **Das Endgericht**

Der Teufel, die alte Schlange, wird von dem Herrn Jesus für die Zeit der 1000 Jahre gebunden, so dass er die Menschen nicht verführen kann.

links: Auf dem Ölberg, der nahe bei Jerusalem liegt, wird der Herr Jesus als Retter erscheinen und als König und Herr in Jerusalem einziehen (Sacharja 14). Von dort wird er das Friedensreich 1000 Jahre lang regieren. Das wird eine herrliche Zeit des Friedens und *der Gerechtigkeit sein, von der die Propheten bereits im Alten Testament geschrieben haben.*

Der 2. Tod (Feuersee)

7

*Ewigkeit - ein für uns Menschen
nicht vorstellbarer Zustand ohne Zeit, ohne Ende.
In dieser Ebene lebt der ewigseiende Gott.*

Die Vollendung

Die Ewigkeit

Von Ewigkei

Die Ewigkeit ist ohne Zeit

Sie ist der Zustand der Vollendung und steht außerhalb unserer Zeit

In der Bibel findest du zu diesem Thema viele Aussagen, zum Beispiel in folgenden Bibelstellen:
1. Korinther 15,20-28;
Offenbarung 21-22;
Epheser 1,9-10

Was ist das Buch des Lebens?

In Offenbarung 20 und 21 schauen wir sozusagen in die „Buchführung" Gottes über jeden Menschen, der je gelebt hat. In den Büchern steht alles über uns, was wir in unserem Leben getan haben. Dann aber wird von einem besonderen Buch geschrieben: dem „Buch des Lebens". In diesem Buch stehen alle, die ihr Leben dem Herrn Jesus im Glauben anvertraut haben und wissen, dass er für sie gestorben ist. Steht dein Name in diesem Buch?

Bei dem Endgericht vor dem großen weißen Thron Gottes werden alle Ungläubigen, die jemals gelebt haben, von Gott nach allem gerichtet, was sie getan haben (Offenbarung 20,11-15). *„Und wenn jemand nicht geschrieben gefunden wurde im Buch des Lebens, so wurde er in den Feuersee geworfen."*

Max: Und wer steht in diesem Buch des Lebens?

Wer steht in dem Buch des Lebens?

Niko: Da stehen nur die Menschen drin, die dem Herrn Jesus gehören (Lukas 10,20; Offenbarung 13,8; 17,8; 21,27). Also alle die, die um die Vergebung ihrer Sünden wissen, die dem Herrn Jesus gehorsam sind und ihm nachfolgen. Man kann sich also den Himmel nicht durch Gutestun verdienen. Die Errettung ist allein die Gnade Gottes. Und die gibt er uns, wenn wir ihm glauben, dass der Herr Jesus für uns gestorben ist.

Lisa: Sagt mal, wie wird das denn da bei dem Herrn Jesus sein?

Tom: Zunächst einmal wird nach dem Endgericht die alte Erde im Feuer vergehen (2. Petrus 3,7-11; Offenbarung 20,11; 21,1) und Gott wird eine neue Erde und einen neuen Himmel schaffen. Eine völlig neue Schöpfung, wo der Teufel und die Sünde keinen Platz mehr haben.

Niko: Ich find das faszinierend, wie das in Offenbarung 21 beschrieben wird. Ich hab den Eindruck, als fehlten dem Apostel Johannes, der das gesehen und aufgeschrieben hat, die Worte, um die Schönheit und den Glanz und die Pracht und die Herrlichkeit Gottes zu beschreiben.

Wie wird es im Himmel sein?

links: *„Und Bücher wurden aufgetan ... und ein anderes Buch wurde aufgeschlagen, welches das des Lebens ist. (...) Und wenn jemand nicht geschrieben gefunden wurde in dem Buch des Lebens, so wurde er in den Feuersee geworfen"* (Offenbarung 20,12 und 15).

zu Ewigkeit

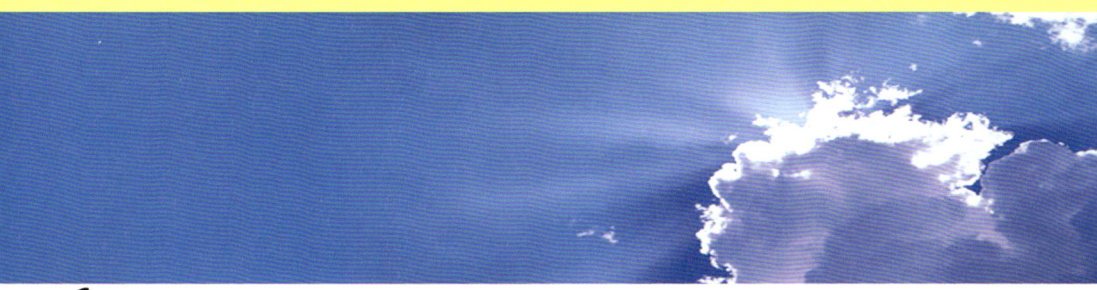

Offenbarung 22,3-4

„Und der Thron Gottes und des Lammes wird in ihr sein; und seine Knechte werden ihm dienen. Und sie werden sein Angesicht sehen, und sein Name wird an ihren Stirnen sein. Und Nacht wird nicht mehr sein, und sie bedürfen nicht des Lichtes einer Lampe und des Lichtes der Sonne, denn der Herr, Gott, wird über ihnen leuchten, und sie werden herrschen in alle Ewigkeit."

Max: Ich hab da noch ein Problem. Ich weiß nicht, wie ich mir die Ewigkeit vorstellen soll. Wenn ich denke, es ist eine Aneinanderreihung von furchtbar langen Zeiten, werd' ich verrückt im Kopf. Das kann man gar nicht weiterdenken, irgendwie kommt man da an kein Ende. Das ist so wie in einem Spiegelkabinett. Wart ihr da schon mal? Das ist ein Raum, in dem alle Wände, dazu Decke und Boden nur aus Spiegeln bestehen. Da sieht man sich unendlich oft. Da wird einem glatt schwindelig und man verliert die Orientierung. Ist so die Ewigkeit? Da würde mir bange ...

Tom: Nein, Ewigkeit hat mit der Zeit nichts mehr zu tun. Wir Menschen können uns das überhaupt nicht vorstellen, weil wir nur zeitlich und räumlich denken können. Aber Gott ist ewig. Das sagte er schon dem Mose, als er ihm seinen Namen sagte: *„Ich bin, der ich bin"* d.h. der „Ewigseiende", der, der immer war, der ist und immer sein wird, unveränderlich. Gott steht außerhalb der Zeit. Von daher konnte er ja

Was ist überhaupt Ewigkeit?

auch alles das, was für uns in der Zukunft liegt, schon lange vorher in der Bibel voraussagen. Aber darüber hatten wir uns ja schon auf Seite 8 Gedanken gemacht.

Lisa: Der Herr Jesus hat ganz am Ende der Bibel versprochen: *„Ja, ich komme bald!"* Darauf freu ich mich total!

91

Gottes Plan

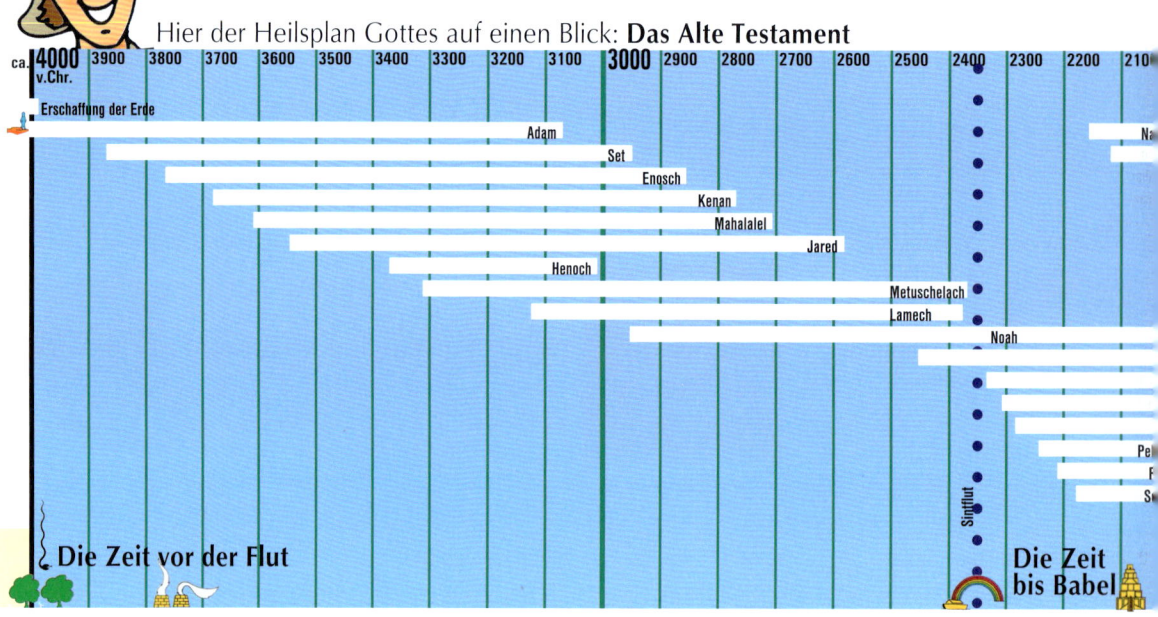

Hier der Heilsplan Gottes auf einen Blick: **Das Alte Testament**

| ca. 4000 v.Chr. | 3900 | 3800 | 3700 | 3600 | 3500 | 3400 | 3300 | 3200 | 3100 | **3000** | 2900 | 2800 | 2700 | 2600 | 2500 | 2400 | 2300 | 2200 | 2100 |

Erschaffung der Erde

Adam
Set
Engsch
Kenan
Mahalalel
Jared
Henoch
Metuschelach
Lamech
Noah

Na...
Pe...
F...
S...

Sintflut

Die Zeit vor der Flut

Die Zeit bis Babel

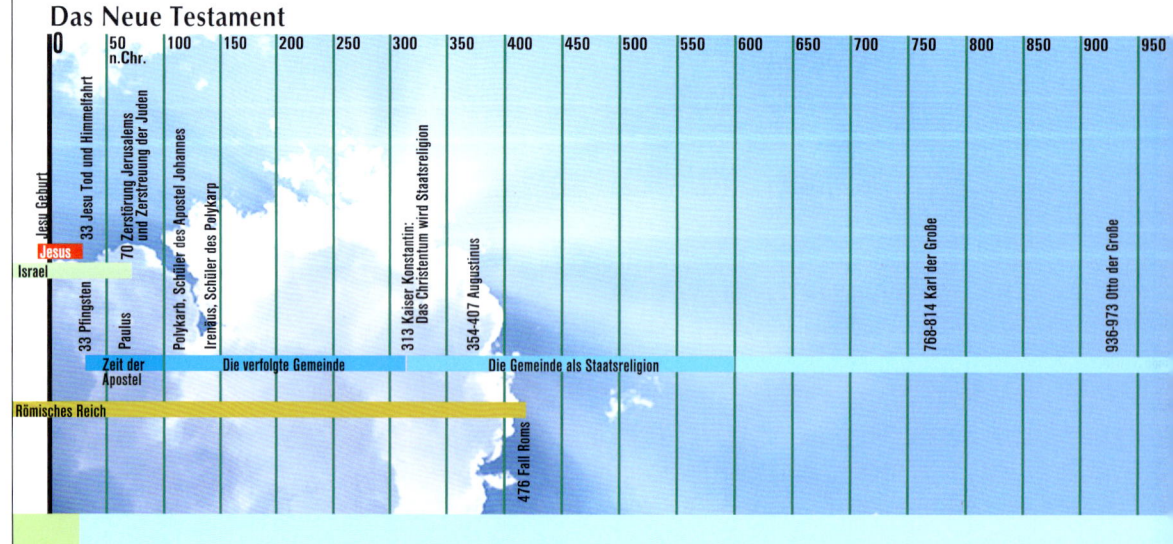

Das Neue Testament

| 0 | 50 n.Chr. | 100 | 150 | 200 | 250 | 300 | 350 | 400 | 450 | 500 | 550 | 600 | 650 | 700 | 750 | 800 | 850 | 900 | 950 |

Jesu Geburt
33 Jesu Tod und Himmelfahrt
70 Zerstörung Jerusalems und Zerstreuung der Juden
Polykarp, Schüler des Apostel Johannes
Irenäus, Schüler des Polykarp
313 Kaiser Konstantin: Das Christentum wird Staatsreligion
354-407 Augustinus
768-814 Karl der Große
936-973 Otto der Große

Jesus

Israel

33 Pfingsten
Paulus

Zeit der Apostel
Die verfolgte Gemeinde
Die Gemeinde als Staatsreligion

Römisches Reich

476 Fall Roms

Wird sich Gottes Plan mit dieser Welt erfüllen?

Ja, Gott wird das, was er versprochen hat, gewiss zur Erfüllung bringen, denn Gott ist zuverlässig und lügt nicht. Die Bibel sagt: *„Gott ist treu und was er zusagt, hält er gewiss!"* Du kannst dich auf ihn verlassen.

„Nachdem Gott vielfältig und auf vielerlei Weise ehemals zu den Vätern geredet hat durch die Propheten, hat er am Ende der Tage zu uns geredet durch den Sohn (den Herrn Jesus)."
(Hebräer 1,1-2)

im Überblick

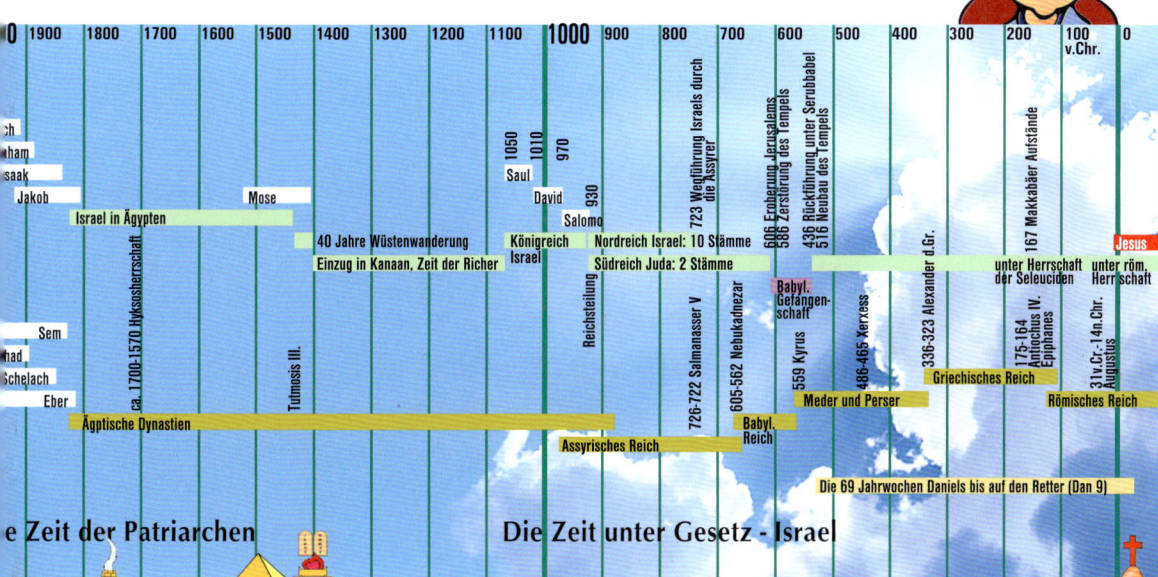

Obere Zeitleiste (v.Chr.):

| 1900 | 1800 | 1700 | 1600 | 1500 | 1400 | 1300 | 1200 | 1100 | 1000 | 900 | 800 | 700 | 600 | 500 | 400 | 300 | 200 | 100 v.Chr. | 0 |

ch
ham
saak
Jakob

Sem
nad
Schelach
Eber

1050
1010
970

Saul
David
Salomo
930

Israel in Ägypten

40 Jahre Wüstenwanderung

Einzug in Kanaan, Zeit der Richter

Königreich Israel

Reichsteilung

Nordreich Israel: 10 Stämme

Südreich Juda: 2 Stämme

723 Wegführung Israels durch die Assyrer

606 Eroberung Jerusalems
586 Zerstörung des Tempels
536 Rückführung unter Serubbabel
516 Neubau des Tempels

167 Makkabäer Aufstände

unter Herrschaft der Seleuciden

unter röm. Herrschaft

Jesus

ca. 1700-1570 Hyksosherrschaft

Tutmosis III.

Babyl. Gefangen-schaft

726-722 Salmanasser V

605-562 Nebukadnezar

559 Kyrus

486-465 Xerxes

336-323 Alexander d.Gr.

175-164 Antiochus IV. Epiphanes

31 v.Cr.-14n.Chr. Augustus

Ägptische Dynastien

Meder und Perser

Griechisches Reich

Römisches Reich

Assyrisches Reich

Babyl. Reich

Die 69 Jahrwochen Daniels bis auf den Retter (Dan 9)

e Zeit der Patriarchen

Die Zeit unter Gesetz - Israel

Bibelzitat (rechts oben):

„Wenn wir unse-re Sünden bekennen, so ist Gott treu und gerecht, dass er uns die Sünden vergibt und uns reinigt von jeder Ungerechtigkeit."
(1. Johannes 1,9)

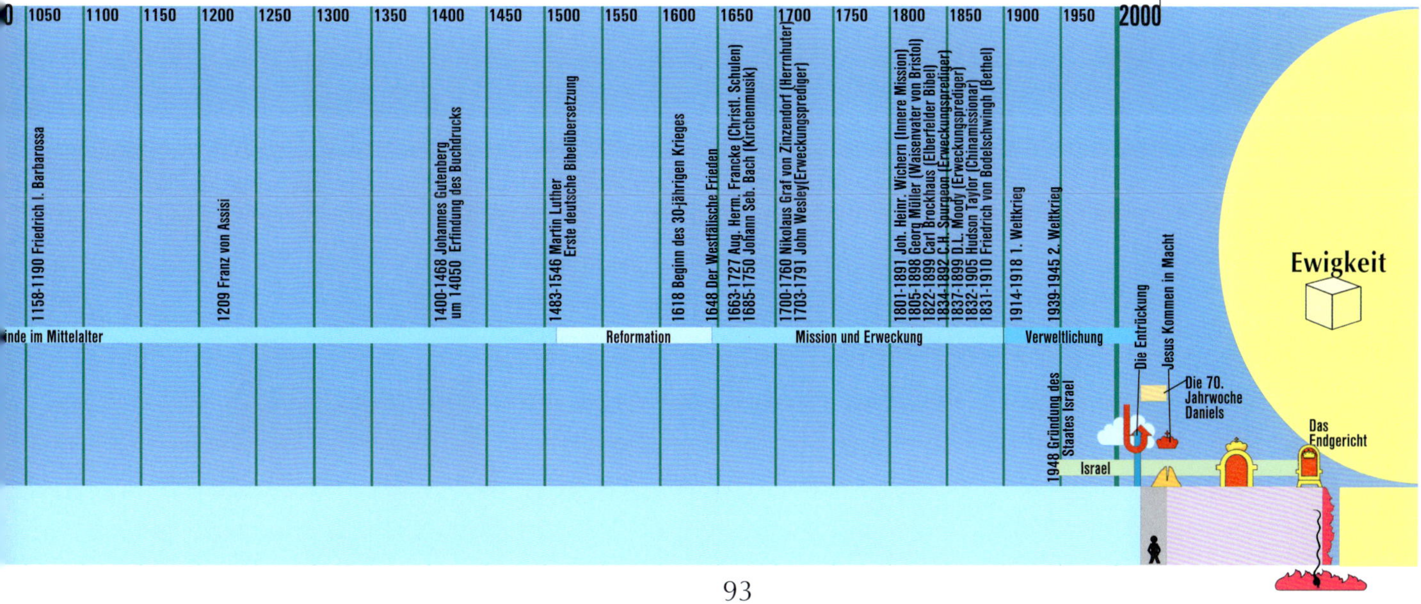

Untere Zeitleiste (n.Chr.):

| 1050 | 1100 | 1150 | 1200 | 1250 | 1300 | 1350 | 1400 | 1450 | 1500 | 1550 | 1600 | 1650 | 1700 | 1750 | 1800 | 1850 | 1900 | 1950 | 2000 |

1158-1190 Friedrich I. Barbarossa

1209 Franz von Assisi

1400-1468 Johannes Gutenberg
um 14050 Erfindung des Buchdrucks

1483-1546 Martin Luther
Erste deutsche Bibelübersetzung

1618 Beginn des 30-jährigen Krieges

1648 Der Westfälische Frieden

1663-1727 Aug. Herm. Francke (Christl. Schulen)
1685-1750 Johann Seb. Bach (Kirchenmusik)

1700-1760 Nikolaus Graf von Zinzendorf (Herrnhuter)
1703-1791 John Wesley(Erweckungsprediger)

1801-1891 Joh. Heinr. Wichern (Innere Mission)
1805-1898 Georg Müller (Waisenvater von Bristol)
1822-1899 Carl Brockhaus (Elberfelder Bibel)
1834-1892 C.H. Spurgeon (Erweckungsprediger)
1837-1899 D.L. Moody (Erweckungsprediger)
1832-1905 Hudson Taylor (Chinamissionar)
1831-1910 Friedrich von Bodelschwingh (Bethel)

1914-1918 1. Weltkrieg

1939-1945 2. Weltkrieg

Die Entrückung

Jesus Kommen in Macht

Ewigkeit

nde im Mittelalter

Reformation

Mission und Erweckung

Verweltlichung

1948 Gründung des Staates Israel

Israel

Die 70. Jahrwoche Daniels

Das Endgericht

Gottes Plan

Hallo, wie war's? Fasziniert dich jetzt auch der Plan Gottes, den er mit dieser Welt hat? Du hast gesehen, dass Gott sich mit dem Menschen unendlich viel Mühe gemacht hat. Er wollte die Gemeinschaft mit ihm, die durch den Sündenfall zerstört war, wiederherstellen.

Er hat in den verschiedenen Zeitabschnitten (Heilszeiten) auf unterschiedliche und vielfältige Art mit den Menschen gehandelt (Hebräer 1,1). Jeder der 7 Zeitabschnitte endete durch das Versagen der Menschen, durch ihren Ungehorsam, durch ihre Auflehnung und Rebellion gegen Gott.

Doch alles das kam für Gott nicht überraschend. Da er ewig ist, wusste er bereits im Voraus, wie die Menschen sich verhalten würden. So hatte er den Plan der Rettung schon fertig erdacht. Deshalb sandte er den Herrn Jesus, seinen Sohn, der durch sein Sterben am Kreuz von Golgatha den Weg zu Gott für dich und uns frei gemacht hat.

im Überblick

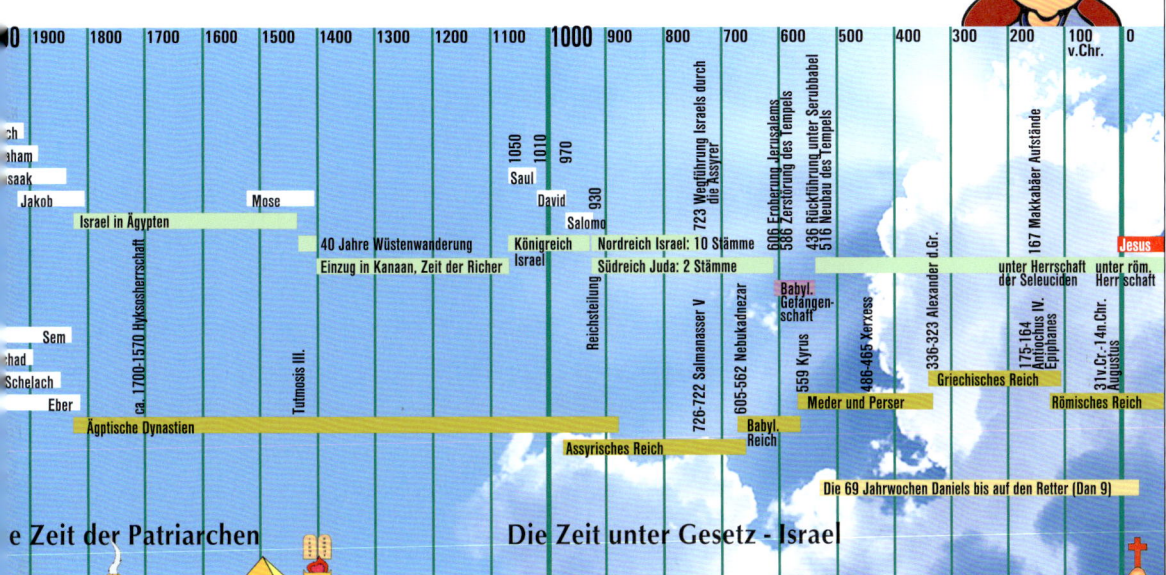

Top timeline scale: 1900 1800 1700 1600 1500 1400 1300 1200 1100 **1000** 900 800 700 600 500 400 300 200 100 v.Chr. 0

- Noah, Abraham, Isaak, Jakob
- Sem, Arphachsad, Schelach, Eber
- Israel in Ägypten
- ca. 1700-1570 Hyksosherrschaft
- Mose
- Tutmosis III.
- Ägyptische Dynastien
- 40 Jahre Wüstenwanderung
- Einzug in Kanaan, Zeit der Richter
- 1050 Saul
- 1010 David
- 970 Salomo
- Königreich Israel
- 930 Reichsteilung
- Nordreich Israel: 10 Stämme
- Südreich Juda: 2 Stämme
- Assyrisches Reich
- 726-722 Salmanassar V
- 723 Wegführung Israels durch die Assyrer
- 605-562 Nebukadnezar
- Babyl. Reich
- Babyl. Gefangenschaft
- 606 Eroberung Jerusalems
- 586 Zerstörung des Tempels
- 559 Kyrus
- 436 Rückführung unter Serubbabel
- 516 Neubau des Tempels
- Meder und Perser
- 486-465 Xerxes
- 336-323 Alexander d.Gr.
- Griechisches Reich
- unter Herrschaft der Seleuciden
- 175-164 Antiochus IV. Epiphanes
- 167 Makkabäer Aufstände
- Römisches Reich
- unter röm. Herrschaft
- 31 v.Chr.-14n.Chr. Augustus
- **Jesus**
- Die 69 Jahrwochen Daniels bis auf den Retter (Dan 9)

Die Zeit der Patriarchen

Die Zeit unter Gesetz - Israel

Bottom timeline scale: 1050 1100 1150 1200 1250 1300 1350 1400 1450 1500 1550 1600 1650 1700 1750 1800 1850 1900 1950 **2000**

- 1158-1190 Friedrich I. Barbarossa
- 1209 Franz von Assisi
- 1400-1468 Johannes Gutenberg um 1450 Erfindung des Buchdrucks
- 1483-1546 Martin Luther Erste deutsche Bibelübersetzung
- 1618 Beginn des 30-jährigen Krieges
- 1648 Der Westfälische Frieden
- 1663-1727 Aug. Herm. Francke (Christl. Schulen)
- 1685-1750 Johann Seb. Bach (Kirchenmusik)
- 1700-1760 Nikolaus Graf von Zinzendorf (Herrnhuter)
- 1703-1791 John Wesley (Erweckungsprediger)
- 1801-1891 Joh. Heinr. Wichern (Innere Mission)
- 1805-1898 Georg Müller (Waisenvater von Bristol)
- 1822-1899 Carl Brockhaus (Elberfelder Bibel)
- 1834-1892 C.H. Spurgeon (Erweckungsprediger)
- 1837-1899 D.L. Moody (Erweckungsprediger)
- 1832-1905 Hudson Taylor (Chinamissionar)
- 1831-1910 Friedrich von Bodelschwingh (Bethel)
- 1914-1918 1. Weltkrieg
- 1939-1945 2. Weltkrieg
- inde im Mittelalter
- Reformation
- Mission und Erweckung
- Verweltlichung
- 1948 Gründung des Staates Israel
- Israel
- Die Entrückung
- Jesus Kommen in Macht
- Die 70. Jahrwoche Daniels
- Das Endgericht
- **Ewigkeit**

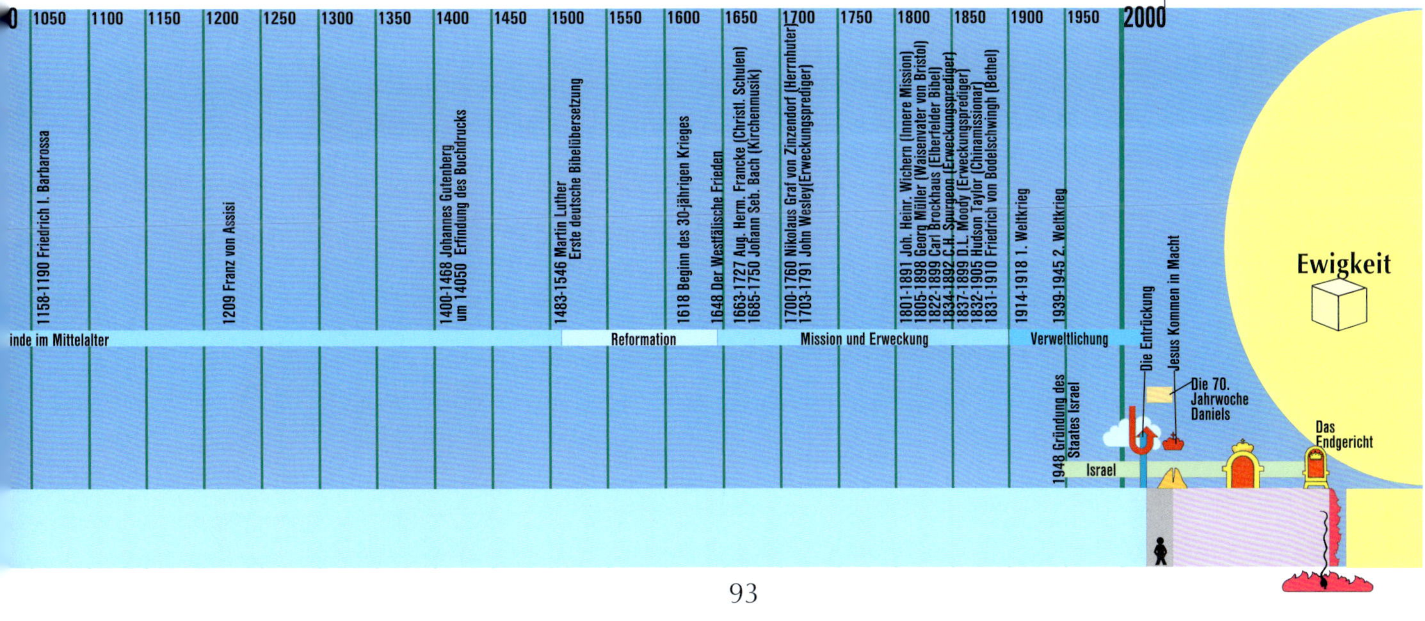

Gottes Plan

Hallo, wie war's? Fasziniert dich jetzt auch der Plan Gottes, den er mit dieser Welt hat? Du hast gesehen, dass Gott sich mit dem Menschen unendlich viel Mühe gemacht hat. Er wollte die Gemeinschaft mit ihm, die durch den Sündenfall zerstört war, wiederherstellen.

Er hat in den verschiedenen Zeitabschnitten (Heilszeiten) auf unterschiedliche und vielfältige Art mit den Menschen gehandelt (Hebräer 1,1). Jeder der 7 Zeitabschnitte endete durch das Versagen der Menschen, durch ihren Ungehorsam, durch ihre Auflehnung und Rebellion gegen Gott.

Doch alles das kam für Gott nicht überraschend. Da er ewig ist, wusste er bereits im Voraus, wie die Menschen sich verhalten würden. So hatte er den Plan der Rettung schon fertig erdacht. Deshalb sandte er den Herrn Jesus, seinen Sohn, der durch sein Sterben am Kreuz von Golgatha den Weg zu Gott für dich und uns frei gemacht hat.

mit dir

Jetzt bist du an der Reihe.
Denn Gott hat nicht nur mit dieser Welt einen Plan,
sondern auch mit deinem Leben. Er wartet auf deine
Antwort. Diese 5 Schritte können dir helfen,
nach Gottes Plan zu leben:

1. Wende dich im Gebet mit allem an den Herrn Jesus. Er versteht und liebt dich (Matthäus 11,28).

2. Bekenn ihm deine Schuld und Sünden. Nenn konkret, was dir bewusst ist (1. Johannes 1,9).

3. Bitte den Herrn Jesus, in dein Leben zu kommen. Er macht dich dadurch zu einem Kind Gottes.

4. Dank ihm täglich, dass er für dich am Kreuz von Golgatha gestorben ist (Kolosser 1,14).

5. Bitte den Herrn Jesus, dass er die Führung in deinem Leben übernimmt. Halte ständigen Kontakt mit ihm durch Gebet und Bibellesen. Der Kontakt mit anderen Christen hilft dir, als Christ zu wachsen und die frohe Botschaft der Vergebung anderen weiterzusagen.

Wir wünschen dir viel Freude auf dem Weg als Christ.
Niko, Tom, Max und Lisa

Für Erwachsene gibt es übrigens ein ähnliches Buch wie dieses:

Bibelpanorama
Die sieben Zeitalter des biblischen Heilsweges in zwölf farbigen Darstellungen
CV, Broschur, 60 Seiten
Best.-Nr. 273.821,
mit CD-ROM

Farbtafeln zu den sieben Zeitaltern des biblischen Heilsplans zur Unterscheidung der verschiedenartigen Handlungsweisen Gottes mit den Menschen. Dazu gibt es jeweils ausführliche Beschreibungen zu den heilsgeschichtlichen Zeitabschnitten.

Wir empfehlen dir folgende Bücher:

Hartmut Jaeger/Berthold Meier (Hg.)
Tipps für Kids
Hilfen für Schüler und Eltern aus christlicher Sicht
Taschenbuch, 160 S., 11 x 18 cm,
Best.-Nr. 271.106
Hier finden Schüler Antworten auf Fragen wie: „Was soll ich tun, wenn ...?" Es behandelt einige Dauerthemen wie „Überforderung", „Gewalt", „Drogen", „sexuelle Vielfalt" u. v. m. Erste Zielgruppe des Buches sind Schüler, aber auch Eltern, Lehrer und Betreuer können sich informieren und mithilfe dieses Buches die Themen aufarbeiten.

Frances Blankenbaker
Auf Entdeckertour
Bibel-Handbuch für Kinder
Gebunden, 352 S., 15 x 22,6 cm,
Best.-Nr. 271.063
Ein Buch für Kinder, die auf Entdeckertour durch die Bibel gehen – und natürlich auch für Erwachsene, die sich schlaumachen wollen. Mit Hintergrundinformationen zu jedem Buch der Bibel sowie zum jeweiligen Verfasser. Außerdem gibt es Hinweise auf den heilsgeschichtlichen Zusammenhang jedes Buches. Mit Illustrationen, Zeittafeln und Landkarten, die deutlich machen, was wann wo passiert ist. Zudem sind Informationen zu archäologischen Entdeckungen und dem Leben zu biblischen Zeiten enthalten, die helfen, Aussagen der Bibel besser einzuordnen.

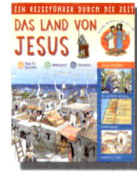

Peter Martin / Dave Smith und Emmanuel Cerisier (Illustr.)
Ein Reiseführer durch die Zeit
Das Land von Jesus
Gebunden, 64 Seiten, farbig,
17 x 21 cm, Best.-Nr. 271.452
Wir schreiben das Jahr 50 n. Chr. in Galiläa, Israel. Alle reden von Jesus, sodass immer mehr Touristen in das kleine Land im Nahen Osten reisen. Dieser reich bebilderte Reiseführer entführt seine jungen Leser auf eine Zeitreise der ganz besonderen Art und bringt ihnen die Orte nahe, an denen Jesus lebte und lehrte.
Dabei erfahren sie viel Spannendes über Land und Leute, Sitten und Gebräuche. Außerdem gibt es praktische Tipps, worauf man z. B. achten muss, wenn man sich einen Esel mietet, warum der Ölberg ein guter Zeltplatz ist und welche Tagesausflüge am besten ins Programm passen.

Eberhard Platte
Entdecke, wie die Bibel zu uns kam
Mit Niko, Tom, Max und Lisa die spannende Geschichte der Bibel erleben
Gebunden, 96 S., farbig,
21 x 21 cm, Best.-Nr. 273.942
Vier Freunde gehen auf Entdeckungsreise. Sie lernen, was die Bibel einzigartig macht, wer sie geschrieben hat, wie sie überliefert wurde usw. Reich bebildert für Kinder (ab 10 J.) und -mitarbeiter.

Christliche Verlagsgesellschaft mbH